Sekundarstufe II

Holger Cebulla

Geld anlegen

... aber RICHTIG!

AF536321

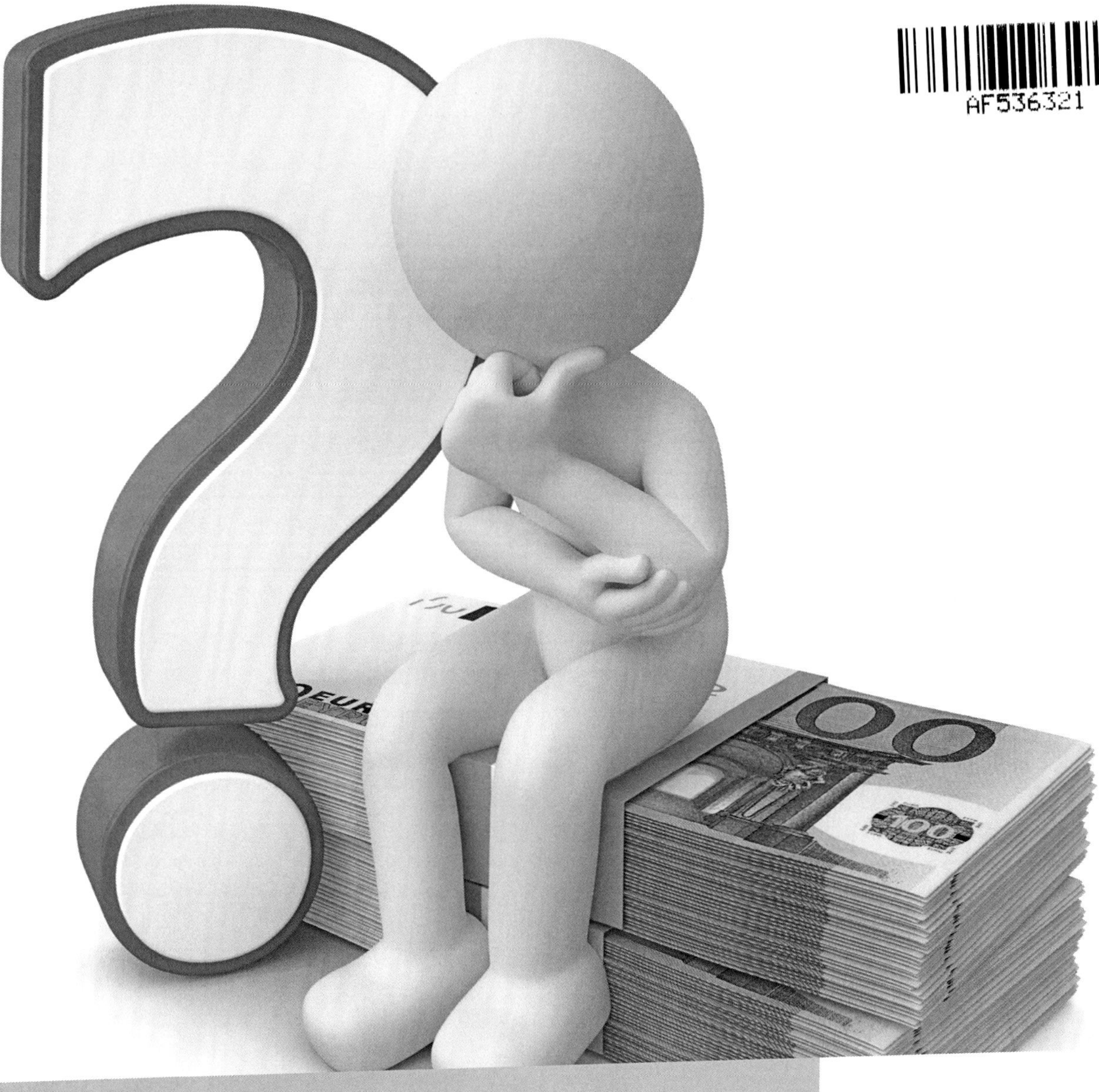

Grundlagenwissen und praktische Tipps für einen gelingenden Start in den Vermögensaufbau

www.kohlverlag.de

Geld anlegen ... aber richtig!

1. Auflage 2021

© Kohl-Verlag, Kerpen 2021
Alle Rechte vorbehalten.

Inhalt: Holger Cebulla
Umschlagbild: © fotomek - AdobeStock.com
Redaktion: Kohl-Verlag
Grafik & Satz: Kohl-Verlag
Druck: farbo prepress GmbH, Köln

Bestell-Nr. 12 780

ISBN: 978-3-98558-177-1

Bildquellen: © AdobeStock.com
S. 2: AfricaStudio; **S. 3:** hkama; **S. 4:** Billion Photos.com; **S. 5:** vegefox.com; **S. 6:** PhotoSG; **S. 7:** Stockwerk-Fotodesign; **S. 9:** Kzenon; **S. 10:** made_by_nana; **S. 11:** Alexander Raths; **S. 12:** peterschreiber.media; **S. 14:** Marco2811; **S. 19:** fraismedia; **S. 20:** Yeamake; **S. 21:** mapoliphoto; **S. 23:** Luis Louro; **S. 25:** Coloures-Pic; **S. 27:** Comugnero Silvana;
Bildquelle gemeinfrei bei Wikipedia: S. 18: Warren Buffett_KU_Visit
Die Aktienkurse S. 24/25 wurden von der Redaktion erstellt.

Das vorliegende Werk und seine Teile sind urheberrechtlich geschützt. Jede Nutzung in anderen als den gesetzlich zugelassenen Fällen bedarf der vorherigen schriftlichen Einwilligung des Verlages. Hinweis zu § 52a UrhG: Weder das Werk noch seine Teile dürfen ohne eine solche Einwilligung eingescannt und in ein Netzwerk oder das Internet eingestellt werden. Dies gilt auch für Intranets von Schulen und sonstigen Bildungseinrichtungen.

Der vorliegende Band ist eine Print-Einzellizenz

Sie wollen unsere Kopiervorlagen auch digital nutzen? Kein Problem – fast das gesamte KOHL-Sortiment ist auch sofort als PDF-Download erhältlich! Wir haben verschiedene Lizenzmodelle zur Auswahl:

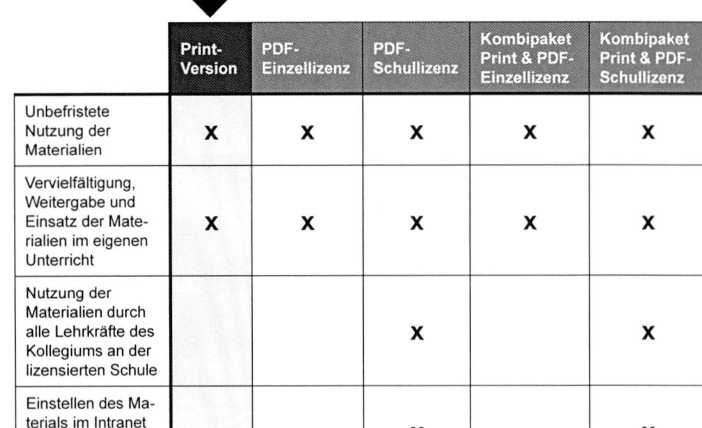

	Print-Version	PDF-Einzellizenz	PDF-Schullizenz	Kombipaket Print & PDF-Einzellizenz	Kombipaket Print & PDF-Schullizenz
Unbefristete Nutzung der Materialien	x	x	x	x	x
Vervielfältigung, Weitergabe und Einsatz der Materialien im eigenen Unterricht	x	x	x	x	x
Nutzung der Materialien durch alle Lehrkräfte des Kollegiums an der lizensierten Schule			x		x
Einstellen des Materials im Intranet oder Schulserver der Institution			x		x

Die erweiterten Lizenzmodelle zu diesem Titel sind jederzeit im Online-Shop unter www.kohlverlag.de erhältlich.

Inhalt

Immobilien
Rohstoffe
Gold
Aktien
Fonds & ETFs
Tagesgeld
Anleihen
Festgeld
Sparbuch

Vorwort

Liebe Kolleginnen und Kollegen,

angesichts der sehr niedrigen Zinsen, die man momentan bekommt, wenn man sein Geld auf ein Sparbuch einbezahlt, ist die Frage nach alternativen Anlagemöglichkeiten sehr aktuell. Aber welche Anlageformen gibt es, welche ist für mich die richtige? Und wie erwerbe ich über diese Kenntnisse? Die meisten Jugendlichen, aber auch viele Erwachsene haben kaum Ahnung, welche Möglichkeiten des Geldanlegens und -sparens es gibt, so besagen es Umfragen. Dieses Skript beschreibt anhand von Beispielen solche Anlagemöglichkeiten. Diese werden miteinander verglichen, ihre Vor- und Nachteile werden benannt und es wird erklärt, welche Ziele mit welcher Anlageform am besten zu erreichen sind. Auch wird erläutert, wie die Börse funktioniert, wie sich dort Kurse bilden und was ein Depot ist.

Wie sich die Schüler/innen aktuelle und objektive Informationen über Anlagemöglichkeiten beschaffen können, ist ein weiteres Thema. Anhand der Aufgaben können die Schüler/innen dann erfahren, wie gut sich ihr fiktiv eingesetztes Geld in den unterschiedlichen Anlageformen vermehrt hat. So wird ihnen die Angst vor Geldanlagen genommen, die alternativ zum Sparbuch sind.

Viel Freude mit dem vorliegenden Material wünschen Ihnen der Kohl-Verlag und

Holger Cebulla

1 Realisierung von Wünschen

Wünsche wie ein neues Handy, ein neues Laptop, ein Moped etc. oder langfristig dir später mal ein Haus oder eine Eigentumswohnung zu kaufen, setzen voraus, dass du dafür das entsprechende Geld hast. Ist das nicht der Fall, kannst du dir bei deiner Bank Geld leihen. Du musst dann Zinsen zahlen und die Bank wird dir auch nur ein Darlehen gewähren, wenn du ihr Sicherheiten bietest, dass du das Geld auch zurückzahlen kannst, z.B. hast du ein festes Einkommen oder deine Eltern bürgen für dich.

Solltest du die Raten für den Kredit nicht zurückzahlen, würde die Bank dann dein Einkommen pfänden oder von deinen Eltern das Geld einfordern. Du kannst aber auch Geld ansparen und wartest so eine Zeit, bis es sich vermehrt hat, und realisierst erst dann deinen Wunsch. Als Geldanlage kennen viele allerdings nur das Sparbuch oder das Bausparen. Andere, viel lukrativere Möglichkeiten sind kaum bekannt oder man traut sich nicht, hier sein Geld anzulegen, da man nicht weiß „wie das geht“.
Welche Anlagemöglichkeiten es gibt, welche Vor- und Nachteile sie haben und wie in diese zu investieren ist, davon handelt dieses Skript.

2 Sparen bei der Bank

Die in Deutschland am häufigsten praktizierte Form des Geldsparens ist, einen bestimmten Betrag monatlich auf sein Sparbuch zu legen bzw. einen Betrag automatisch von seinem Girokonto auf das Sparbuch umbuchen zu lassen. Da man auf sein so angespartes Geld Zinsen bekommt, vermehrt es sich im Laufe der Jahre, rechnet man die Zinseszinsen hinzu, kommt noch mehr Geld zusammen. Allerdings sind die Zinsen für derart angespartes Geld schon seit langer Zeit so niedrig wie nie, momentan zwischen 0,07 bis 0,1%, je nach Bank (Stand 21). Nimm einmal an, du würdest pro Monat 100 Euro sparen, also auf ein Jahr gerechnet 1.200 Euro. Bei einem Zinssatz von 0,1% hätte dir das gerade einmal 1,20 Euro zusätzlich auf deinem Konto eingebracht. Nimmt man nun die Inflationsrate (vgl. Kapitel 8) ins Auge, die im Durchschnitt in den letzten 5 Jahren bei 1,2% lag, würdest du beim Sparen real Geldeinbußen erleiden. Es gibt aber Alternativen zum Sparbuch, nämlich ein Tagesgeld-Konto oder ein Festgeld- Konto.

Beim Tagesgeld-Konto erhältst du zwischen 0,1 und 0,5% Zinsen. Darüber hinaus bietet dir diese Sparform den Vorteil, dass du täglich über dein gesamtes Kapital verfügen kannst. Kündigungsfristen wie bei einem Sparbuch, z.B. drei Monate oder Limits beim Abheben, wie die monatliche Beschränkung auf 2.000 Euro, gibt es hier nicht. Allerdings kann die Bank den Zinssatz von sich aus jederzeit senken. Du könntest dann aber einfach das Geld von deinem Tagesgeld-Konto runternehmen und eine andere Geldanlageform wählen. Das Tagesgeld-Konto ist also etwas besser verzinst als ein Sparbuch und bietet dir mehr Flexibilität.

Festgeld ist die Alternative zum Sparbuch für Anleger „mit langem Atem". Du legst hier dein Geld für 3, 6 oder 9 Monate an oder für 1 bis 3 Jahre, maximal sind 10 Jahre möglich. Hier liegt der Zinssatz bei 0,75 - 1%. Innerhalb deines gewählten Zeitraums sind die Zinsen festgeschrieben, können also weder sinken noch steigen. Je länger der Zeitraum, umso höher ist i.d.R. die Verzinsung. Eine lange Anlagezeit lohnt sich vor allem dann, wenn mit fallenden Zinsen zu rechnen ist und du dir so einen guten Zinssatz für die Zukunft sichern willst. Steigen die Zinsen jedoch, kannst du dein Geld nicht einfach abheben und anderweitig anlegen, sonst drohen hohe Strafzinsen. Vorsicht gilt auch am Ende der Laufzeit: In der Regel verlängert die Bank das Festgeld automatisch um die gleiche Zeit, wenn du nicht fristgerecht gekündigt hast. Die Festgeldzinsen kommen an die aktuelle Inflation heran, sodass du somit dein Geld immerhin verlustfrei anlegst. Da mittel- bis langfristig aber mit einer Zinserhöhung zu rechnen ist, ist zu einer eher kürzeren Laufzeit beim Festgeld zu raten.

Bei allen Sparformen bei Banken ist die Sicherheit des angelegten Geldes sehr hoch. Denn es gilt, dass 100.000 Euro pro Anleger auf dem Girokonto, dem Sparbuch, dem Tagesgeld- und Festgeld-Konto durch die gesetzliche Einlagensicherung zu 100 Prozent abgesichert sind, sollte die Bank pleitegehen. Darüber hinaus gehören viele Banken freiwilligen Einlagensicherungssystemen an, wodurch deine Einlage noch einmal zusätzlich geschützt ist.

KOHL VERLAG Geld anlegen .... aber RICHTIG! Bestell-Nr. 12 780

3 Bausparen

Das Abschließen eines Bausparvertrages ist dann als Geldanlage sinnvoll, wenn du später mal ein Haus kaufen oder bauen oder eine Eigentumswohnung erwerben willst. Der Vertrag besteht aus zwei Teilen: Zuerst sparst du eine bestimmte Summe durch monatliche Zahlungen an. Auf das Geld, das du ansparst, bekommst du einen Zinssatz, dessen Höhe bei Abschluss des Bausparvertrages festgelegt wird. Hast du 30-50% dieser Summe angespart, je nach Anbieter unterschiedlich, tritt der zweite Teil in Kraft, du kannst ein Darlehen in der Höhe des bisher angesparten Betrages erhalten. Der Bausparvertrag wird dann zuteilungsreif, wie es heißt. Du kannst also nun deine angesparte Summe und das Darlehen zum Kauf oder Bau einer Immobilie verwenden, aber auch den Kauf auf einen späteren Zeitpunkt verschieben und weiter ansparen. Natürlich musst du das Darlehen zurückzahlen, dessen Zinssatz bei Abschluss des Bausparvertrages auch festgelegt wurde. Zu berücksichtigen ist des Weiteren, dass der Bausparanbieter direkt bei Abschluss des Vertrages dir eine Gebühr von 1% der Bausparsumme berechnet, die sogenannten Abschlusskosten. Das bedeutet, dass du diese Summe zusätzlich ansparen musst, du startest also mit Schulden in die Sparphase.
Der Vorteil eines Bausparvertrages ist, dass man genau weiß, wann der Vertrag zuteilungsfähig wird, welche Zinsen man beim Ansparen bekommt und wie hoch der Zinssatz für das Darlehen sein wird. So sind die Kosten beim Kauf oder Bau einer Immobilie schon Jahre im Voraus gut kalkulierbar.
So zumindest die Theorie, wie sieht nun aber die Praxis aus? Wie eben im Kapitel zum Sparen dargelegt, sind die Zinsen heute sehr niedrig, so bekommst du in der ersten Phase beim Ansparen der vereinbarten Summe nur die banküblichen Zinsen. Meist sind diese aber niedriger, was die Bausparanbieter damit begründen, dass sie dir ja später ein Darlehen zu niedrigem Zinssatz gewähren. Überdies musst du erstmal die Abschlussgebühr durch deine Sparraten „abstottern". Erst wenn du diese Gebühr bezahlt hast, beginnt das eigentliche Ansparen. Der Zinssatz für das Darlehen nach der Ansparphase wird relativ niedrig sein. Die Frage ist allerdings, wie hoch die Zinssätze für ein ganz normales Darlehen zu der Zeit sein werden, wenn dein Bausparvertrag zuteilungsreif wird. Sind sie höher, bist du im Vorteil, sind sie niedriger im Nachteil, denn du musst ja dann höhere Zinsen zahlen, als wenn du einfach bei deiner Bank ein Darlehen aufnehmen würdest. Keiner kann heute definitiv voraussagen, wie hoch die Zinsen für ein solches in 10 bzw. 15 Jahren sein werden, denn das ist meist der Zeitraum, bis der Vertrag zuteilungsreif wird. Aufgrund der niedrigen Zinssätze sind in den letzten Jahren immer mehr Menschen dazu übergegangen, sich Häuser oder Eigentumswohnungen als Geldanlage zuzulegen So muss man nicht mehr Miete bezahlen und spart so langfristig Geld. Die Folge dieses Immobilienbooms ist aber, dass die Preise für Immobilien immer weiter steigen, Angebot und Nachfrage bestimmen ja den Preis einer Sache, und Immobilien sind nicht beliebig oder schnell vermehrbar. In den letzten 5 Jahren sind die Preise im Durchschnitt pro Jahr um 8,7% gestiegen, in Großstädten sehr viel mehr. In Berlin z.B. stiegen die Hauspreise gegenüber 2012 um 144%, in München um 89%, in Hamburg um 73%. Geht dieser Trend weiter, was Experten mindestens für die nächsten 5 Jahre annehmen, würde das bedeuten, dass du dann in beispielsweise 10 Jahren für eine Immobilie 87% effektiv mehr bezahlen müsstest, als würdest du heute eine erwerben.

Zur Verdeutlichung ein Beispiel mit Zahlen. Wir nehmen an, die Summe, die du ansparen willst, beträgt 50.000 Euro, du erhältst dafür einen Zinssatz von 0,07%. Die monatliche Ansparrate beträgt 400 Euro, die Abschlussgebühr von 1% beträgt 500 Euro. Der Zinssatz für dein Darlehen beträgt 0,9%. Zuteilungsreif wird der Vertrag, nachdem du 50% von 50.000 Euro angespart hast. Pro Jahr würde dann ein Betrag von 4.800 Euro auf deinem Ansparkonto eingehen. Nach 5 Jahren und 4 Monaten hättest du so 25.600 Euro angespart, wovon die Abschlussgebühr von 500 Euro abzuziehen ist, so verbleiben 25.100 Euro. Da du ca. 17 Euro Zinsen bekommen hast, sind nun 25.117 Euro auf deinem Konto, die Zinseszinsen sind dabei nicht berücksichtigt, aber bei 17 Euro sind sie quasi zu vernachlässigen. Somit hast du 50% von 50.000 Euro angespart und dein Vertrag ist zuteilungsreif. 25.117 Euro erhältst du jetzt nochmal als Darlehen, so stehen dir für deinen Immobilienkauf 50.234 Euro zur Verfügung. Für diese Summe müsstest du dich wohl mit einer ziemlich kleinen Immobilie bescheiden ... Um ein „angemessenes" Haus zu kaufen, wirst du ein weiteres Darlehen bei einer Bank aufnehmen müssen. Du hättest dann also beide Darlehen zurückzuzahlen, brauchst aber jetzt keine Miete mehr zu zahlen.
Würdest du sofort eine Immobilie erwerben, wieder angenommen für die Summe 50.000 Euro, müsstest du diese durch einen Hypothekenkredit finanzieren, bei dem momentan die Zinssätze bei 0,7-0,9% liegen bei einer Laufzeit von 10 Jahren. Würdest du die Tilgung mit 400 Euro pro Monat vornehmen und dein Zinssatz würde bei 0,8% liegen, hättest du nach 5 Jahren vom Kaufpreis 23.600 Euro getilgt, wobei die Zinszahlungen für deinen Kredit dabei schon runtergerechnet sind. Deine Immobilie wäre aber in den 5 Jahren, legt man wiederum die durchschnittliche Wertsteigerung von 8,7% pro Jahr zugrunde, um 21.750 Euro im Preis gestiegen. Würdest du sie jetzt verkaufen, bekämest du 71.750 Euro dafür. Überdies hättest du 5 Jahre keine Miete zahlen müssen, denn du bist ja, im Gegensatz zur Finanzierung durch den Bausparvertrag, gleich in das Haus eingezogen. Legt man eine Miete von „nur" 450 Euro zugrunde, dann hättest du in 5 Jahren 27.000 Euro gespart. Die könntest du dazu verwenden, den Kredit bei deiner Bank für den Hauskauf zu verdoppeln oder den Gesamtkredit 5 Jahre früher komplett zu tilgen. Natürlich müsstest du, willst du eine „angemessene" Immobilie erwerben, wie beim Bausparen dargelegt, den Rest des Kaufpreises durch einen weiteren Kredit finanzieren.
Das Ergebnis der beiden Rechnungen: Bei einem sofortigen Hauskauf würdest du die Mietkosten von 27.000 Euro sparen, würdest kaum mehr oder sogar weniger Zinsen für dein Darlehen bezahlen, als nach Zuteilung bei einem Bausparvertrag und die Wertsteigerung deiner Immobilie würde 21.750 Euro betragen. So hättest du letztlich 48.750 Euro gegenüber dem Bausparvertrag eingespart.
Allerdings wird die Bank, gewährt sie dir ein Darlehen zum Kauf einer Immobilie, von dir Sicherheiten verlangen. Das wird i.d.R. die Immobilie selbst sein. Zahlst du deine Raten nicht mehr oder unregelmäßig, ist die Bank berechtigt, deine Immobilie zu versteigern und so über den Verkaufspreis das Darlehen zurückzuerhalten. Liegt dieser allerdings unter dem noch ausstehenden Darlehensbetrag, musst du den Rest aus eigener Tasche an die Bank zahlen. Da die Bank einen solchen Fall immer miteinkalkuliert, wird sie dir nur maximal 80% der Kaufsumme der Immobilie als Darlehen gewähren.
Der Staat fördert durch Prämien das Bausparen. Man bekommt pro Jahr, schließt man einen Bausparvertrag ab, 46 Euro auf sein Bausparkonto gutgeschrieben, allerdings gibt es diese Prämie nur, wenn man nicht mehr als 25.600 Euro an zu versteuerndem Einkommen im Jahr verdient.
Eine weitere Möglichkeit ist, den Bausparvertrag als vermögenswirksame Leistung (vgl. Kapitel 4) bei seinem Arbeitgeber anzulegen. In diesem Falle würde dieser die monatlich angesparten Beträge um eine bestimmte Summe vermehren. Der sofortige Hauskauf, wie bei der Gegenüberstellung im obigen Beispiel erörtert, wäre allerdings auch bei dieser Form des Bausparens immer noch lukrativer.
Bei den heute vorherrschenden niedrigen Zinsen sind andere Anlagemöglichkeiten wesentlich gewinnbringender. Den damit erzielten Gewinn könntest du natürlich dann auch zum Kauf einer Immobilie verwenden.

4 Vermietung von Immobilien

Neben dem Kauf einer Immobilie zur Eigennutzung gibt es auch noch die Möglichkeit, eine Immobilie bzw. Wohnung zu kaufen, um sie zu vermieten. Die Mieteinnahmen wären dann quasi ein zweites monatliches Einkommen für dich. Natürlich musst du Kosten für mögliche Reparaturen an der Immobilie einkalkulieren, die dann mit den Mieteinnahmen gegenzurechnen sind. Du könntest dir auch eine Ferienwohnung z.B. an der Ostsee kaufen, die du an Gäste vermietest. Allerdings musst du dich darum kümmern, Buchungen für diese zu erhalten und auch dafür sorgen, dass die Wohnung immer in einem einwandfreien Zustand für die Gäste ist. So wirst du deine Ferienwohnung in ein Online Portal stellen und einen Service Dienst beauftragen, sie zu reinigen und mögliche Reparaturen vorzunehmen. Beides verursacht zusätzliche Kosten, die du von den Mieteinnahmen abziehen musst. Das gilt natürlich auch für die Grundausstattung der Wohnung mit Möbeln, Fernseher, Geschirr, Bettwäsche etc. Der Vorteil des Kaufs einer Ferienwohnung wäre auch, dass du selbst deinen Urlaub in ihr verbringen kannst.

Kommen wir nun zur Finanzierung der Immobilie. Zur Verdeutlichung ein Beispiel: Nehmen wir an, du würdest für 150.000 Euro eine Eigentumswohnung erwerben. Deine Bank gewährt dir einen Kredit von 100.000 Euro, den du nach 10 Jahren abbezahlt haben musst. Bei einem Zinssatz von 0,9% und einer monatlichen Abzahlungsrate von 500 Euro hättest du in einem Jahr 6.000 Euro plus die Zinsen von 90 Euro aufzubringen. Nehmen wir weiterhin an, die Mieteinnahme beträgt im Durchschnitt 500 Euro monatlich. Dann müsstest du nur 90 Euro jährlich an Zinsen aufbringen, die Rückzahlungsrate für den Kredit würde durch die Miete gedeckt sein. Mögliche Kosten für Reparaturen an der Wohnung sind dabei nicht berücksichtigt. Würdest du zur Tilgung deines Bankkredites nicht nur die Mieteinnahmen verwenden, sondern selbst auch noch einen eigenen Betrag, beispielsweise nochmal 500 Euro monatlich aufbringen, hättest du deinen Kredit wahrscheinlich schon nach der Hälfte der Zeit getilgt. Du könntest nun überlegen, ob du selbst in die Wohnung einziehen willst. Kaufst du dir eine Ferienwohnung, hast du monatlich keine gleichbleibenden Mieteinnahmen, denn diese werden variieren, je nach Saison. In der Hauptsaison wirst du sehr hohe Einnahmen haben, in der Nebensaison aber geringe oder gar keine, was bei der Rückzahlung deines Bankkredites miteinzukalkulieren ist.

Zum Schluss noch einmal ein Vergleich der beiden Möglichkeiten des Immobilienerwerbs. Kaufst du eine Immobilie und ziehst in diese sofort selbst ein, entfällt deine eigene Miete, du musst aber die Raten für den Kredit bezahlen. Vermietest du die gekaufte Immobilie, erhältst du Mieteinnahmen mit denen du deine Kreditraten abbezahlen kannst bzw. einen Großteil dieser. Allerdings ist zu bedenken, dass du in diesem Fall weiterhin eigene Miete zahlen musst. Welche der beiden Möglichkeiten für dich die bessere ist, hängt einerseits von der Dringlichkeit deines Wunsches ab, in einem eigenen Haus bzw. einer Wohnung zu leben. Andererseits ist die Höhe der Miete, die du für deine Wohnung zahlen musst und die, die du bei Vermietung erhältst zu berücksichtigen. Ist die eigene Miete relativ hoch, die der Vermietung aber geringer, würde es sich eher anbieten, nicht zu vermieten und gleich in die Immobilie selbst einzuziehen. Ist deine eigene Miete in etwa gleich hoch wie bei Vermietung oder deine Miteinnahmen sind höher, bietet es sich an, mit dem Einzug noch eine Zeitlang zu warten. Mieteinnahmen sind als Einkommen aus Vermietung und Verpachtung allerdings zu versteuern.

KOHL VERLAG Geld anlegen .... aber RICHTIG! Bestell-Nr. 12 780

Vermögenswirksame Leistungen (VWL)

Der Vorteil dieser Anlageform ist, dass dein Arbeitgeber, wenn du Geld sparst, deinen Sparbetrag von sich aus um einen bestimmten Betrag ergänzt. Hinzu kommt eine staatliche Förderung, d.h. du bekommst vom Staat einmal jährlich noch einen weiteren zusätzlichen Betrag auf dein VWL Konto überwiesen. Welchen Betrag du monatlich sparen willst, entscheidest du selbst, der Mindestbetrag muss bei 13 Euro monatlich liegen oder 39 Euro bezogen auf ein Jahr. VWL ist steuer- und sozialabgabenpflichtig, so werden vom monatlich gesparten Betrag Lohnsteuer, Solidaritätszuschlag, ggfs. Kirchensteuer sowie Sozialabgaben (Renten-, Kranken-, Pflege- und Arbeitslosenversicherung) vom Arbeitgeber einbehalten, was auf der Lohnabrechnung ausgewiesen wird.

Es gibt verschiedene Formen des VWL Sparens:

Bausparen:
Hier wird dein Sparbetrag auf einen Bausparvertrag bei einer Bausparkasse überwiesen. Möglich ist auch, mit deinem Sparbeitrag Anteile an Bau- und Wohnungsgenossenschaften zu erwerben. Diese zahlt einmal jährliche ihren Mitgliedern einen Anteil am Gewinn aus. Vor allem aber erwirbst du nach einer bestimmten Zeit einen Anspruch auf die Zuteilung einer Genossenschaftswohnung, deren Miete recht günstig sein wird.

Beteiligungssparen:
In diesem Fall erwirbst du mit deinem Sparbeitrag Anteile von Investmentfonds. Was unter einem solchen zu verstehen ist, beschreibt das folgende Kapitel.
Du kannst aber auch Aktien des Unternehmens, bei dem du beschäftigt bist, so erwerben. Die Voraussetzung ist natürlich, dass es sich um eine Aktiengesellschaft handelt.

Kontensparen:
Dein Sparbeitrag wird in diesem Fall für eine Lebensversicherung oder eine Kapitallebensversicherung verwendet.
Wie hoch der Betrag ist, den dein Arbeitgeber von sich aus auf deinen Sparbeitrag „draufpackt“, richtet sich entweder nach dem gültigen Tarifvertrag, einer Betriebsvereinbarung oder deinem Arbeitsvertrag, in dem dessen Höhe festgelegt wurde. Ist keine der genannten Möglichkeiten gegeben, ist es häufig so, dass der Arbeitgeber freiwillig einen VWL Beitrag zahlt, z.B. um seine Arbeitnehmer an seinen Betrieb zu binden.
Der Staat belohnt seine Bürger, wenn sie VWL betreiben, indem er ihnen einmal jährlich eine sogenannte Arbeitnehmer-Sparzulage auf das VWL Konto überweist. Bei der VWL Anlageform Bausparen erhältst du 9%, beim Beteiligungssparen 20% des angesparten Betrages vom Staat. Allerdings nur bis zu einer Höchstgrenze, nämlich beim Bausparen 43 Euro für Ledige und 86 Euro für Verheiratete, beim Beteiligungssparen 80 Euro für Ledige und 160 Euro für Verheiratete. Diese Zulagen werden auch nur gezahlt, wenn dein Bruttoeinkommen pro Jahr je nach Sparform bis zu 17.900 oder 20.000 Euro für Singles, für Ehepaare bis zu 35.800 oder 40.000 Euro beträgt. Du bekommst diese Zulage aber nicht automatisch, sondern musst sie beantragen.

KOHL VERLAG Geld anlegen ... aber RICHTIG! Bestell-Nr. 12 780

5 Vermögenswirksame Leistungen (VWL)

Es ist nicht ganz einfach, aus den vielen Anlagemöglichkeiten die für dich passende zu finden. Informiere dich durch Finanzzeitungen, z.B. Focus Money, die sich u.a. auch mit VWL Anlageformen beschäftigen oder im Netz. Du kannst dich auch von Bankmitarbeitern oder Versicherungs- und Bausparkassenvertretern beraten lassen. Aber Vorsicht, diese empfehlen meist nur die eigenen Produkte, da sie für diese eine Vermittlungsprovision bekommen. Besser sind da freie Finanzberater, die alle gängigen Produkte im Programm haben und deren Vor- und Nachteile dir erklären.

Hat man den passenden Vertrag gefunden, veranlasst man seinen Arbeitgeber, die vermögenswirksamen Leistungen auf diesen Vertrag zu überweisen.

Leider ist es häufig aber so, dass dein Arbeitgeber nur dann Zuschüsse zahlt, wenn du eine ganz bestimmte VWL Form wählst, nämlich die, die ihm durch Tarifvertrag oder Betriebsvereinbarung vorgegeben ist. Würdest du eine andere Anlageform wählen, gibt es dann keine Zuschüsse des Arbeitgebers.

Betrachtet man das VWL Sparen über einen langen Zeitraum, beispielsweis ein 40-jähriges Berufsleben, und nimmt man an, du hättest monatlich 100 Euro in Fonds angespart, hättest du am Ende 48.000 Euro auf deinem VWL Konto. Hinzu kämen die Arbeitgeberzulagen und die möglichen Arbeitnehmer Sparzulagen vom Staat. Beides zusammen macht nach der angenommenen 40-jährigen Berufstätigkeit durchschnittlich 17.500 Euro aus, so das Statistische Bundesamt. Diesen Betrag hättest du zusätzlich auf deinem Konto, also 65.500 Euro. Berücksichtigt man nun noch, dass bei der Anlageform Fondsparen unter den genannten Annahmen durchschnittlich 100 Euro Gewinn pro Jahr erzielt werden, so wiederum das Statistische Bundesamt, hättest du dann insgesamt ca. 69.500 Euro auf deinem Konto. Hiervon müssten natürlich noch Steuern und Sozialabgaben runtergerechnet werden.

6 Börsennotiere Wertpapiere

Die effektivste, aber auch risikoreichste Form sein Geld anzulegen ist, Wertpapiere an der Börse zu erwerben, d.h. Anleihen, Aktien, Fonds, ETFs oder Optionsscheine zu kaufen. Man kann allerdings nicht selbst an der Börse solche Wertpapiere erwerben, sondern muss eine Bank damit beauftragt, dieses für einen zu tun. Dazu ist zunächst ein Depot erforderlich. Das ist quasi eine Art Schließfach bei einer Bank, in das deine gekauften Wertpapiere gelegt werden. Natürlich gibt es heute keine realen Schließfächer mehr, sondern diese existieren quasi als virtuelle Tresore auf der Festplatte deiner Bank.
Ein Depot kannst du bei jeder Bank oder bei speziellen Plattformen im Internet einrichten. Für das Einrichten eines Depots fallen jährliche Gebühren an, kaufst oder verkaufst du ein Wertpapier weitere. Daher solltest du vergleichen, wie hoch diese Gebühren bei den einzelnen Anbietern sind. Im Regelfall sind sie bei Filialbanken höher als bei Onlinebanken.

Eine Börse ist ein Markt für Wertpapiere. Dabei gilt, wie auf jedem Markt: Je begehrter ein Wertpapier ist, desto mehr wird es nachgefragt und somit wird der Preis dafür steigen. Ist es weniger begehrt, werden es viele verkaufen und somit wird der Preis fallen. Ideal wäre also, wenn du ein Wertpapier zu dem Zeitpunkt erwirbst, wo dessen Kurs niedrig ist, es dir ins Depot legst und wartest, bis der Kurs steigt und es dann möglichst zum Höchstkurs wieder verkaufst. In der Realität wirst du das aber allenfalls ansatzweise realisieren können, denn es ist auch für Experten sehr schwer vorauszusagen, wann ein Tiefstkurs bzw. Höchstkurs erreicht sein wird.
Trotz kurzzeitiger Krisen und Schwankungen an den Finanzmärkten stiegen die Kurse für Wertpapiere im Durchschnitt der letzten 5 Jahre um 6% pro Jahr. Natürlich sind bisherige Kursentwicklungen kein Garant für die Zukunft, aber nach Kurseinbrüchen erfolgte mittelfristig an der Börse stets wieder ein Kursanstieg. Mit etwas Geduld und „Durchhaltevermögen“ hast du so die Chance, an den positiven Entwicklungen der Wertpapiermärkte teilzunehmen.
Du solltest aber darauf achten, verschiedene Anlageformen in deinem Depot zu haben, so können Verluste bei einer Anlageform durch eine andere ausgeglichen werden.

Folgende Anlagemöglichkeiten gibt es an der Börse:

- Anleihen und Obligationen
- Aktien
- Fonds
- ETF
- Indizes
- Optionsscheine

6.1 Anleihen und Obligationen

Staaten und Großunternehmen benötigen häufig sehr hohe Kreditsummen, die eine Bank alleine nicht aufbringen kann oder will. In diesem Fall gibt es die Möglichkeit, die benötigte Summe quasi in viele kleine Teile zu 100 Euro (oder auch höhere Beträge) zu stückeln, und sich so die Summe nicht von einem Gläubiger (= Bank) zu leihen, sondern von vielen. Diese Anteile, also die auf 100 Euro lautenden Schuldscheine, bezeichnet man als Anleihe oder auch Obligation. Es ist eine Urkunde, in der der Schuldner verspricht, zu einem vorher bestimmten Zeitpunkt, z.B. im Jahre 2030, diese 100 Euro zurückzuzahlen und natürlich auch einmal oder mehrmals im Jahr an den Gläubiger Zinsen zu entrichten. Diese Anleihen kann jeder erwerben, also auch du, indem du deiner Bank eine sogenannte Order zum Kauf erteilst. Selbstverständlich kannst du nicht nur eine Obligation erwerben, sondern beliebig viele. Du brauchst auch nicht zu warten, bis das Ende der Laufzeit erreicht ist und die Rückzahlung durch den Schuldner erfolgt, sondern kannst sie jederzeit zum momentanen Kurswert an der Börse wieder verkaufen. Der Vorteil für den diese Anleihen ausgebenden Schuldner ist, größere Summen auf einmal zu erhalten, indem diese durch Stückelung auf viele Personen aufgeteilt werden. Der Vorteil des Gläubigers besteht darin, Zinsen zu bekommen, die weit über denen eines Sparbuchs liegen. Natürlich besteht immer das Risiko, dass der Schuldner zum Schluss der Laufzeit seine Schulden nicht zurückzahlen kann, da er inzwischen pleite ist. Daher sollte man sich über die sogenannte Bonität des Schuldners, d.h. wie sicher dessen Rückzahlung eingeschätzt wird, vorher informieren. Eine solche Einschätzung nehmen Ratingagenturen vor, z.B. Moodys, die ihre Bewertung in einer Art Note ausdrücken, z.B. Aaa für ganz sichere Rückzahler bis Ccc für sehr zweifelhafte Rückzahler.

Der Kurswert der Anleihen bildet sich ständig neu an der Börse. Dabei gilt: Angebot und Nachfrage bestimmen den Kurs eines Papieres. Je mehr Börsianer eine Anleihe kaufen wollen, weil es gute Zinsen gibt oder der Emittent als sicherer Zurückzahler gilt, desto höher ist der Kurs. Ist der Zinssatz niedrig bzw. die Rückzahlung unsicher, wird der Kurs niedrig sein.

Bei langlaufenden Anleihen solltest du diese mindestens 2-3 Jahre vor deren Rückzahlungsjahr verkaufen. Zu diesem Zeitpunkt sind die Kurse meist noch relativ hoch. Würdest du warten, bis die Anleihe fällig ist, bekommst du dann nur den Ausgabekurs, also 100 Euro pro Stück.

Bei Anleihen, bei denen der Schuldner als eher unsicherer Rückzahler eingeschätzt wird, wird der Zinssatz höher sein, um einen Anreiz zu bieten, doch diese Anleihe zu kaufen. Dann bekommst du zwar höhere Zinsen, gehst aber auch ein höheres Risiko ein, was die Rückzahlung betrifft. Die Zinsberechnung bei Anleihen erfolgt nicht zum aktuellen Kurs, sondern vom Ausgabewert, also von 100 Euro.

6.1 Anleihen und Obligationen

Generell gilt: Kaufe für dein anzulegendes Geld nicht nur eine Anleihe, sondern mehrere, um das Risiko des Ausfalls eines Schuldners zu verringern.

Wandelanleihen: Bei dieser Form der Anleihe, die nur Firmen ausgeben, erhältst du am Ende der Laufzeit nicht die Anleihe in Euro ausgezahlt, sondern Aktien dieser Firma werden deinem Depot zum dann gültigen Kurswert übertragen. Bei einer anderen Variante erhältst du Aktien, die dann deinem Depot gutgeschrieben werden, wenn diese einen bestimmten in der Anleihe genannten Kurswert erreichen.

Beispiele für Anleihen (WKN bedeutet Wertpapierkennnummer, unter dieser kannst du das Wertpapier ordern):

- Bundesrepublik Deutschland: Laufzeit bis 04.31, Zinssatz: 5,5% (WKN: 113517)
- Finnland: Laufzeit bis 07.25, Zinssatz: 4% (WKN: A1ANXA)
- Griechenland: Laufzeit bis 02.40, Zinssatz: 3,65% (WKN: A1G1UT)
- VW: Laufzeit bis 11.26, Zinssatz: 3,375% (WKN: A2RUFL)
- Deutsche Telekom: Laufzeit 01.33, Zinssatz: 7,5% (WKN: 728317)
- Twitter: Laufzeit 12.27, Zinssatz: 3,875% (WKN: A2SBG4)
- Alphabet (= Google): Laufzeit bis 02.24, Zinssatz: 3,375% (WKN: A18Z7Z)

Bis 2012 gab es als Alternative zu Anleihen auch noch Bundesschatzbriefe, die man ohne Einrichten eines Depots direkt bei Banken erwerben konnte. Sie waren nicht allzu hoch verzinst, aber unterlagen keinen Kursschwankungen.

KOHL VERLAG Geld anlegen ... aber RICHTIG! Bestell-Nr. 12 780

6.2 Aktien

Eine Aktie ist die Beteiligung an einer Aktiengesellschaft (= AG) in Form eines Wertpapiers, d.h. einer Bescheinigung, dass man Kapital dieser AG besitzt. Wie hoch dieser Anteil ist, steht als sogenannter Nennwert auf der Aktie. Dieser muss mindesten 1 Euro betragen, ist aber bei den meisten AGs wesentlich höher. Dem Aktionär gehört damit quasi ein Teil der AG. Besitzt man Aktien, hat man das Recht am Gewinn der AG beteiligt zu werden. Der Gesamtgewinn der AG wird am Ende des Geschäftsjahres durch die Gesamtzahl aller Aktien geteilt. Pro Aktie bekommt man dann einen Anteil, der als Dividende bezeichnet wird. Der Aktieninhaber hat auch das Recht, auf der Hauptversammlung der AG ein Stimmrecht auszuüben. Pro Aktie hat man eine Stimme. Zur Funktion der Hauptversammlung vgl. den Exkurs im Anschluss. Bei Aktien ist der Nennwert vom Kurswert zu unterscheiden. Der Nennwert ist der Betrag, den man bezahlen musste, als die AG beispielsweise vor 20 Jahren gegründet wurde oder als sie neue Aktien ausgab, um sich so Kapital für den Kauf zusätzlicher Maschinen oder anderer Investitionen zu beschaffen. Der Kurswert einer Aktie ist der Wert, den die Aktie momentan hat, er bildet sich ständig durch Angebot und Nachfrage nach dieser an der Börse. Ist eine Aktie begehrt, z.B. weil die Geschäfte dieser AG gut laufen bzw. sie gefragte oder innovative Produkte anbietet, werden viele diese Aktie haben wollen und der Kurs steigt. Laufen die Geschäfte hingegen schlecht, werden viele die Aktien dieser AG verkaufen und der Kurswert sinkt. Heutzutage werden Aktien nicht mehr als gedruckte Wertpapiere ausgegeben, sondern nur noch virtuell, d.h. bei Kauf oder Verkauf notiert deine Bank in deinem Depot, welche Aktien in welcher Anzahl du besitzt. Aktien können nach ihrer Übertragungsweise unterschieden werden in Inhaber- und Namensaktien. Erstere werden anonym an der Börse gekauft oder verkauft, d.h. außer den Banken, die ja im Auftrag der Käufer handeln, weiß niemand, von wem man seine Aktien erwarb bzw. an wen sie verkauft wurden. Bei Namensaktien wird der AG mitgeteilt, wer (= Name des Eigners) momentan wie viele ihrer Aktien besitzt. Bei sogenannten *vinkulierten* Namensaktien kann eine Übertragung der Aktie an eine andere Person nur mit Zustimmung der AG erfolgen. Eine weitere Unterscheidung von Aktien ist die in Stamm- und Vorzugsaktien. Hast du bei Stammaktien in der Hauptversammlung der AG pro Aktie eine Stimme, fehlt ein solches Stimmrecht i.d.R. bei der Vorzugsaktie. Dafür bietet diese Aktienform jedoch einen erhöhten Dividendenanteil. Unterscheiden kann man Aktien auch noch nach ihrem Ausgabezeitpunkt. Sogenannte alte Aktien wurden bei Gründung der AG ausgegeben, junge, d.h. neue Aktien zu einem späteren Zeitpunkt zur Kapitalerhöhung. Häufig gibt es bei Besitz von alten Aktien das Recht, junge Aktien zu einem Vorzugspreis erwerben zu können.

Profis unterteilen Aktien in vier Kategorien:

Sogenannte **Langweiler:** Bei diesen Aktien gibt es bei den Kursen kaum starke Ausschläge nach oben oder unten und über einen Zeitraum von 5 Jahren betrachtet i.d.R. eine stetige Aufwärtsentwicklung, wenn auch keine hohe. Meist gibt es auch eine gute Dividende. Beispiele für solche Aktien sind Coca-Cola (WKN 850663), McDonalds (WKN 856958), Nestle (WKN A0Q4DC), Amazon (WKN 906866), Alphabet (= Google) (WKN A14Y6F), Vonovia (Größter Wohnraumvermieter Deutschlands) (WKN A1ML7J), LVMH (Luxusartikel) (WKN 853292) etc. Diese Aktien kann man jederzeit kaufen und lange im Depot belassen, man braucht auch ihren Kurs wenig beobachten.

Innovative Aktien: Hier geht es um neue Geschäftsmodelle und -ideen, die sich erst zukünftig bewähren werden (oder auch nicht ...).
Beispiele hierfür sind Micron Technology (Herstellung spezieller Speicherchips), Check Point (IT-Sicherheit), Alphabet (u.a. selbstfahrende Autos), Start Ups etc. Diese Aktien sollte man möglichst zu dem Zeitpunkt erwerben, wenn das Geschäftsmodell in der Presse bekannt gemacht wird, sie dann aber beobachten und nach entsprechendem Kursanstieg ein Stop Loss setzen. Was ein Stop Loss ist, wird im Kapitel 7 erklärt.

Nischenaktien: Das sind kleinere Unternehmen, die sich auf bestimmte Produkte spezialisiert haben, in ihrer Nische aber meist führend sind.
Beispiele hierfür sind: Paypal, Zoetis (Tiermedizin für Nutz- und Haustiere), Pfeiffer Vacuum (spezielle Pumpensysteme), MOWI ASA (Lachsfarmen), Fuchs Petrolub (Feuerwehrautos). Die Kurse dieser Aktien kann man in größeren Abständen beobachten. Es empfiehlt sich, sollten größere Ausschläge nach unten auftreten, ein Stop Loss zu setzen.

Spekulative Aktien: Aktien, von denen man aus bestimmten Gründen einen schnellen Kursanstieg in nächster Zeit erwartet, z.B. weil es positive Meldungen über innovative Produkte oder Geschäftsmodelle gab. Man setzt hier aber nicht auf die AG selbst bzw. deren Produkte, sondern spekuliert auf einen schnellen Kursanstieg. Ein Beispiel aus der Vergangenheit ist Uber (u.a. Vermittlung von Mitfahrten über das Netz). Diese Aktien sind ständig zu beobachten. Nach dem Kauf sollte man sogleich ein Stop Loss 2% unter dem Kaufpreis setzen, um Verluste zu begrenzen. Kommt der erwartete Kursanstieg zustande, sollte man das Stop Loss höher setzen oder die Aktie verkaufen.
Das Risiko, dass nach Kauf von Aktien Kursverluste eintreten, ist bei den Langweilern gering, bei den Spekulativen Aktien am höchsten. Natürlich gilt auch, dass bei Langweilern Kursgewinne eher niedrig ausfallen werden, bei Spekulativen Aktien aber am höchsten sein können.

Exkurs: Aufgaben der Hauptversammlung einer AG und die Funktion von Aufsichtsrat und Vorstand
Die Hauptversammlung ist die Interessenvertretung der Aktionäre der AG und zugleich das oberste Beschlussorgan der Gesellschaft. Sie beschließt über die Verwendung des Gewinns, Kapitalerhöhungen, die Bestellung der Aktionärsvertreter für den Aufsichtsrat und eine mögliche Auflösung der AG.
Die Hauptversammlung findet einmal jährlich statt, wird vom Vorstand einberufen und vom Aufsichtsratsvorsitzenden geleitet. Pro Aktie haben die Aktionäre, die auf der Hauptversammlung erschienen sind, eine Stimme. Man kann aber seine Stimme an die Bank, bei der man sein Aktiendepot führt, delegieren, sodass diese dann auf der Hauptversammlung stellvertretend für einen selbst abstimmt.
Ein weiteres Gremium der AG ist der Aufsichtsrat. Seine Mitglieder werden von der Hauptversammlung und den Arbeitnehmern auf vier Jahre gewählt. Er bestellt den Vorstand und den Vorstandsvorsitzende der AG, d.h. deren Manager, und überwacht deren Tätigkeit. Er kann den Vorstand aus wichtigem Grund jederzeit abberufen. Der Aufsichtsrat prüft auch den Jahresabschluss und macht der Hauptversammlung einen Vorschlag, wie der Gewinn zu verwenden ist.
Dem Vorstand obliegt die Leitung der AG, d.h. er führt ihre Geschäfte und ist so für ihre Effektivität, Organisation und Gewinnerzielung verantwortlich, sowie die Buchführung. Er muss dem Aufsichtsrat regelmäßig, mindestens alle drei Monate, Bericht über seine Aktivitäten und die finanzielle und wirtschaftlich Lage der AG erstatten. Die Vorstandsmitglieder sind Angestellte der AG, ihre Bezüge in der Regel Festgehalt plus einer Beteiligung am Gewinn (= Tantieme).
Gewinnaufstellung: Von einem möglichen Gewinn müssen 5% als gesetzliche Rücklage dem Grundkapital der AG zugeführt werden, bis die Rücklage zusammen mit dem Grundkapital der AG 10% von diesem erreicht. Darüber hinaus können freiwillige Rücklagen gebildet werden, z.B. wenn demnächst neue Investitionen vorgenommen werden sollen. Der Rest des Gewinns wird als Dividende an die Aktionäre ausgeschüttet.

6.3 Fonds

Bei einem Fond handelst du nicht selbst mit Wertpapieren, sondern beauftragst damit einen Profi, den Fondsmanager, das für dich zu tun. So brauchst du dich selbst um nichts zu kümmern, das macht ja der Manager. Das setzt natürlich voraus, dass er Geld für seine Aktionen hat. Dieses bekommt er von allen, die seinem Fond „beitreten“, d.h. Anteile an dem Fond erwerben. Jeder Fond ist auf einen bestimmten Bereich spezialisiert, z.B. werden nur Aktien mit einer hohen Dividendenausschüttung gekauft, Agraraktien, Aktien nachhaltiger Firmen, Aktien Chinas, Aktien mittelständiger Unternehmen, Anleihen weltweit etc. Auch verfolgen die Manager unterschiedliche Anlagestrategien. Der eine verlässt sich beispielsweise auf sein Gespür und seine Intuition, der andere auf Computerprogramme, der dritte auf beides zusammen. Ist ein Manager erfolgreich, wählt er die Aktien bzw. Anleihen seines Segments aus, deren Kurse steigen und damit vermehrt sich das Vermögen des Fonds, sein Kurswert an der Börse steigt. Fallen Aktienkurse eines Unternehmens des Fonds, gleicht möglicherweise der Kursanstieg einer anderen Aktie den Verlust aus. Selbstverständlich kann der Manager auch Fehlentscheidungen treffen oder ist einfach nicht gut, dann wird der Kurs des Fonds auf der Stelle treten oder fallen.
Fonds werden von Banken und Fonds- oder Investmentgesellschaften angeboten. Bekannte Fondsgesellschaften sind zum Beispiel Blackrock, Fidelity, Union Investment oder die DWS Gruppe. Verglichen mit einem Investment in einzelne Anlageprodukte bieten Fonds eine deutlich größere Streuung deines Geldes und damit ein geringeres Verlustrisiko.

Beim Kauf von Fond Anteilen sind Ausgabeaufschläge, quasi die „Gebühr“, um „Mitglied“ des Fonds zu werden, mit einzukalkulieren, die zwischen 3-5% liegen. Vor Kauf eines Fonds empfiehlt es sich auch, sich in Finanzzeitungen Tests der Fonds anzuschauen, das sogenannte Ranking. Dieses ist quasi eine Art Hitliste, in der aufgeführt wird, welcher der Fonds in den letzten drei Jahren in seinem Sektor die meisten Gewinne machte und so auf Platz 1 steht oder eben „nur“ auf Platz 15.
Lass dir auch nicht von deinem Bankberater den Fond dieser Bank aufschwatzen, indem er dir beispielsweise sagt, der hätte in den letzten drei Jahren 10% Gewinn im Durchschnitt gemacht. Wenn du anschließend in einer Börsenzeitung nachschaust, siehst du möglicherweise, dass das zwar stimmt, aber andere Fonds der gleichen Kategorie 20 bis 30% Gewinn machten.
Während ein ausschüttender Fond anfallende Wertzuwächse in regelmäßigen Abständen an die Anleger auszahlt, vergleichbar der Dividende bei Aktien, werden bei thesaurierenden Fonds Gewinne wieder investiert, also bekommst du neue Anteile des Fonds deinem Depot gutgeschrieben.
Fonds gelten als Sondervermögen, was bedeutet, sollte der Anbieter pleitegehen, ist das Kapital der Anleger geschützt und bleibt erhalten, genau wie bei einem Sparbuch.

Beispiele für Fonds:

Fidelity Fond Emer. Market = Aktien weltweit (WKN A0LFZ9)
First Private Europe Dividende = Europäische Aktien mit hohen Dividenden (WKN 977961)
Fonds Franklin Technologie = Technologie Aktien, u.a. Apple, Microsoft etc. (WKN 937446)
AGIF-All-Agricult Trends = Aktien von Agrar Firmen (WKN A0NCGS)
Fidelity China Focus = Aktien chinesischer Firmen (WKN A0CA6V)
Global Conv. Bonds = Wandelanleihen (WKN A0Q2PU)

6.3 Fonds

Warren Buffett ist einer der erfolgreichsten Fond-Manager der Welt. Hättest du 1965 einen Anteil seines Fonds Berkshires Hathaway für 43 Dollar gekauft, wäre dieser heute (Stand Mai 21) 154.800 Dollar wert. Warren Buffett nennt 6 Kriterien, nach denen er die Aktien für seinen Fond aussucht:

1. **Große, kapitalkräftige Firmen**
   Es sollten mindestens 75 Millionen Dollar vor Steuern als Gewinn erzielt werden.
2. **Bewiesene stabile Ertragskraft**
   Ein Unternehmen muss Jahr für Jahr einen Gewinn erwirtschaften, idealerweise einen wachsenden.
3. **Gute Eigenkapitalrendite und niedrige Schulden**
   Eine geringe Verschuldung sowie eine hohe Eigenkapitalrendite sollten das Unternehmen haben. Die Eigenkapitalrendite gibt an, wie hoch sich das Geld, das im Unternehmen steckt, verzinst. Sie wird berechnet, indem der Gewinn durch das Eigenkapital geteilt wird. Sie sollte oberhalb von 15% liegen. Die Eigenkapitalrendite ist vor allem ein Kriterium dafür, ob ein Unternehmen eine starke Position am Markt hat und damit auch über die Macht verfügt, die Preise für seine Produkte relativ unabhängig von Mitbewerbern festlegen zu können. Eine geringe Verschuldung bietet die Möglichkeit, vorübergehende Umsatzrückgänge (vgl. z.B. Corona) ohne die Aufnahme neuer Kredite und somit risikolos bewältigen zu können.
4. **Gutes Management**
   Das Management des Unternehmens sollte motiviert und aktionärsfreundlich sein, selbst mit hohen Beträgen im Unternehmen investiert sein, in keine Gerichtsverfahren oder Skandale verstrickt sein, eine solide Finanzverwaltung betreiben und stets dafür sorgen, dass die AG genug liquide Mittel hat, um neue Investitionen tätigen zu können. Ein schlechtes Management kann dazu führen, dass der Aktienkurs abstürzt oder sogar die Pleite droht.
5. **Simple Business**
   Anleger sollten nur Aktien von Firmen kaufen, deren Geschäftsmodell sie verstehen und beurteilen können. Beispiele sind Coca-Cola oder der Ketchup Produzent Kraft, die aus einfachsten und billigsten Zutaten unter geringem Kapitaleinsatz ein Produkt herstellen, das zu einem Vielfachen der Herstellungskosten verkauft werden kann und beständig nachgefragt wird.
6. **Der Kaufpreis ist günstig**
   Sind die bisher genannten 5 Punkte für eine Aktie gegeben, wartet Buffett auf einen günstigen Einstiegskurs.

Warren Buffett

Die von Buffet genannten Kriterien kannst du natürlich auch selbst für dich verwenden, willst du Aktien für dein Depot kaufen.

6.4 ETF

Das Kürzel steht für Exchange Traded Funds, auf Deutsch: börsengehandelte Indexfonds. ETFs sind Fonds ähnlich, allerdings gibt es keinen Manager, der Wertpapiere kauft oder verkauft. Deshalb werden ETFs auch als passive Fonds bezeichnet. Die einmal im ETF Korb enthaltenen Wertpapiere sind unveränderbar. ETFs können auch eine Laufzeit haben, d.h. nach einer vorgegebenen Zeit werden sie aufgelöst und an die Eigner ausgezahlt. Es gibt sehr unterschiedliche ETFs. Ein paar Beispiele: Ein DAX ETF, in ihm sind alle Aktien des DAX enthalten, der MSCI World, ein Index, der mehr als 1.600 Aktien aus Industrieländern enthält, noch etwas breiter aufgestellt ist der MSCI All Country World Index, der zusätzlich Schwellenländer abdeckt, der Stoxx Global Select beinhaltet 100 weltweite Unternehmen mit hoher Dividende, der IM-I-Stoxx Euro 600 enthält die wichtigsten Nahrungsmittel Firmen, im ISHS IV-Auto Robotic finden sich Firmen, die sich mit künstlicher Intelligenz beschäftigen. Auch ETFs die Anleihen beinhalten oder eine Kombination aus Aktien und Anleihen gibt es. Sämtliche ETFs sind ohne Ausgabeaufschlag zu bekommen, der bei Fonds beim Erwerb ja anfällt. Sie haben den Vorteil der Diversifikation, sprich: einer breiten Streuung. Wolltest du beispielsweise die Aktien von Amazon, Google und Facebook erwerben, müsstest du dafür erstmal sehr viel Geld bezahlen. Kaufst du aber einen ETF, in dem u.a. diese Aktien enthalten sind, wäre dafür nur ein Bruchteil der Kosten erforderlich. Es gibt auch ETFs, die darauf abzielen, dass der in ihnen enthaltene Aktienkorb nicht steigt, sondern fällt. Würde also der Kurs der in ihm enthaltenen Aktien zurückgehen, würde der ETF um den Wert, den die Aktien vorher hatten, steigen. Steigen die Aktien hingegen, fällt der Wert des ETF. Solche ETFs würde man aber nur erwerben, wenn man davon überzeugt ist, dass es in einem bestimmten Aktiensegment demnächst mit den Kursen abwärts geht und ihn sofort verkaufen, wenn sich dieser Trend umzukehren beginnt.
ETFs ermöglichen es dir also mit einem Wertpapier kostengünstig in ganze Märkte zu investieren. Wer etwa 200 Euro monatlich in einen DAX-ETF investiert, erhält bei einer Wertentwicklung von ca. sechs Prozent jährlich nach 15 Jahren 38.160 Euro, ein Gewinn von knapp 2.160 Euro.

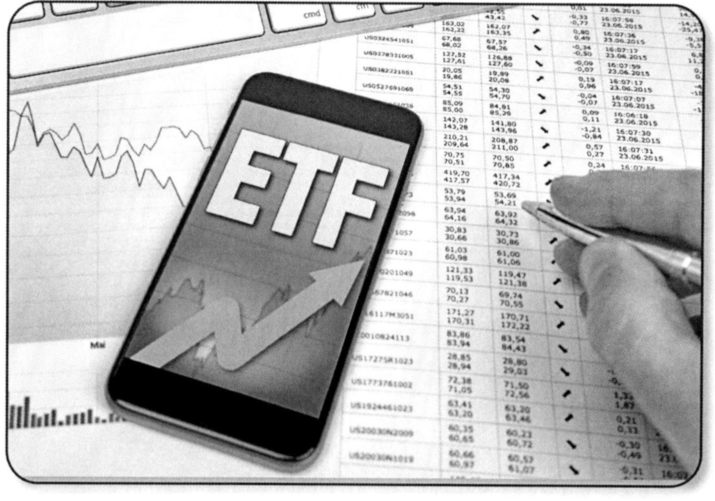

Manchen mag bei ETFs stören, dass niemand, wie bei einem Fond, das anvertraute Vermögen lenkt. Wer so denkt, für den sind ETFs nicht unbedingt das richtige Investment. Wer aber gerade will, dass die menschliche Komponente ausgeschaltet ist, die ja Fehler machen kann bei den Anlagen, wird sich mit ETFs wohlfühlen.
Allerdings solltest du auch hier nicht vergessen, dass ETFs nicht risikolos sind. Sie entwickeln sich stets so, wie der Markt, den sie abbilden. Geht es mit diesem bergab, werden die Indexfonds in gleichem Maße daran teilhaben.
Auch ETFs gelten als Sondervermögen.
Für ETFs gilt natürlich wie für Fonds und Aktien, mache dich im Netz oder in den eingangs genannten Finanzzeitschriften klug oder frage kompetente, aber unabhängige Finanzberater, welche zum Kauf zu empfehlen sind.
ETFs können auch als Sparplan erworben werden. In diesem Fall wird ein von dir festgelegter Betrag monatlich von deinem Giro-Konto abgebucht und in ETFs, die du dir ausgesucht hast, angelegt. Wichtig ist bei einem Sparplan, dass die abgebuchten Beträge nicht zu klein sind, sonst können die Gebühren dafür überproportional stark zu Buche schlagen. In einem solchen Fall sollte man statt einer monatlichen Abbuchung zu einer vierteljährlichen wechseln und gleichzeitig die Sparrate verdreifachen, dadurch verringert sich der Anteil der Fixgebühren.

6.5 Indizes

Ein Index ist eine Art Wertpapierkorb, in den die wichtigsten Aktien eines Landes, weltweit am meisten nachgefragte Aktien oder Aktien aus einem bestimmten Segment, beispielsweise Nischenaktien, gelegt wurden. Er bildet die Wertentwicklung dieser Aktien insgesamt nach. Ein solcher Index ist beispielsweise der DAX. DAX ist die Abkürzung für Deutscher Aktien Index. Das ist das Verzeichnis der 40 größten und umsatzstärksten deutschen Aktiengesellschaften, sogenannte Blue Chips, deren Aktien an der Börse am stärksten nachgefragt werden. Der SDAX beinhaltet 70 kleinere deutsche Unternehmen. Weitere Indizes sind der Dow Jones, in dem die 30 wichtigsten amerikanischen Aktien zusammengefasst sind, der NASDAQ Composite Index, hier sind über 3.000 Unternehmen weltweit vertreten oder der Nikkei 225, hier handelt es sich um die wichtigsten japanischen Aktien.

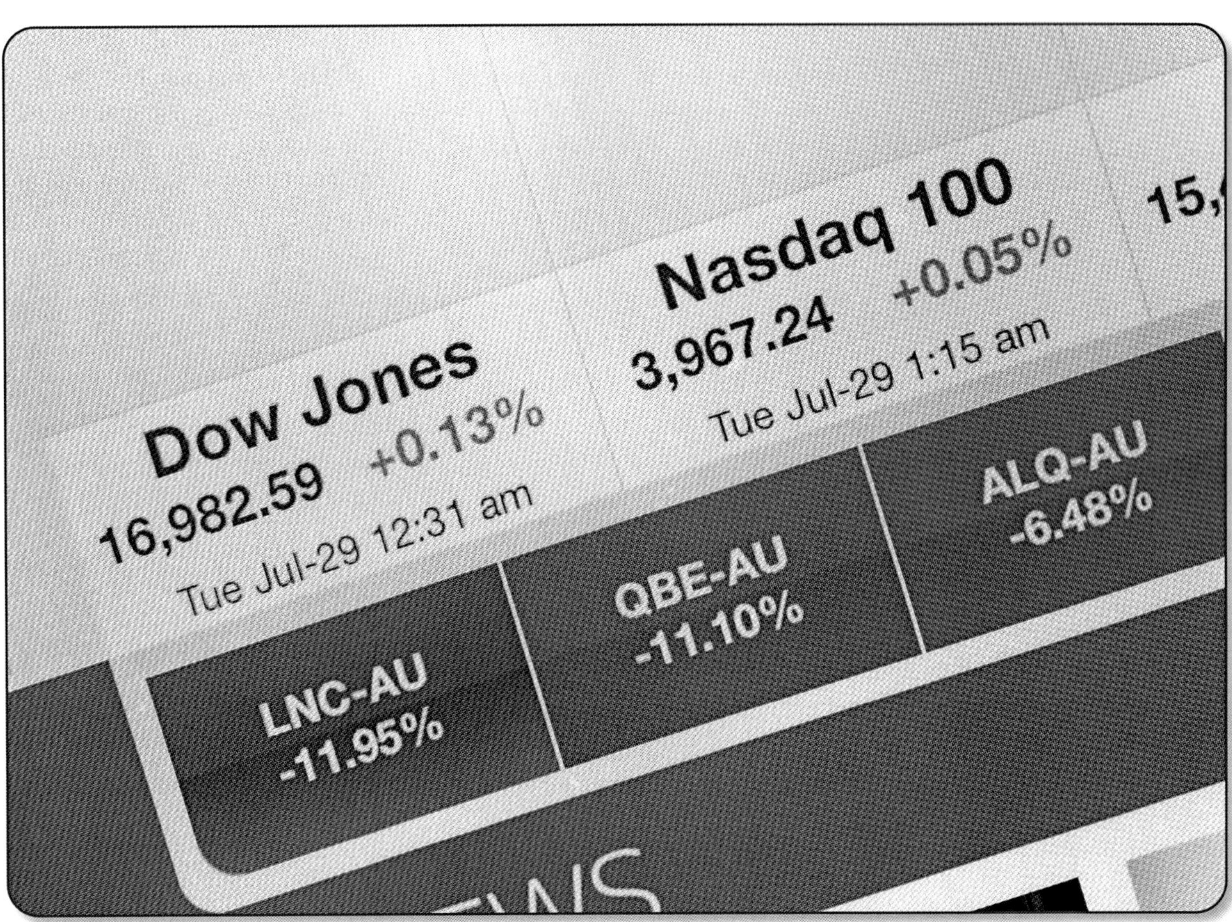

Der Gesamtwert eines Index wird berechnet, indem die aktuellen Börsenwerte aller im Index enthaltenen Aktien addiert werden und diese Summe durch die Gesamtzahl der Aktien geteilt wird. Vergleicht man diesen Wert mit früheren, z.B. dem vor einem Monat, einem Jahr oder sogar vor zehn Jahren, kann man ersehen, ob der Trend für den Index eher nach oben oder unten geht.
Diese Indizes kannst du an der Börse nicht kaufen. Sie dienen nur dazu, die Wertentwicklung eines bestimmten Bereichs abzubilden und so Vergleiche der Bereiche untereinander zu erhalten. Allerdings sind sie in Form von ETFs zu erwerben.

6.6 Optionsscheine

Ein Optionsschein ist quasi eine Wette darauf, dass Kurse von Aktien, Anleihen oder Indices steigen (= Call) oder fallen (= Put). Mit dem sogenannten Hebel werden dabei die Gewinne oder auch Verluste entsprechend angehoben. Steigt beispielweise der Aktienkurs, der dem Optionsschein zugrunde liegt, um einen Punkt, dann steigt der Kurs des Optionsscheines gleich um 10% oder noch mehr, je nach Hebel. Aber natürlich wirkt dieser auch in die andere Richtung, d.h. fällt der Kurs der Aktie um einen Punkt, geht der Kurs des Optionsscheines gleich um 10% (oder mehr) nach unten. Kaufst du einen Optionsschein als Put, wettest du mit diesem darauf, dass die Kurse fallen. Tritt das ein, würde dein Optionsschein gemäß Hebel steigen, trifft es nicht zu, fallen. Mit Optionsscheinen kann man also in kurzer Zeit sehr viel Geld machen, aber es auch ebenso schnell wieder verlieren. So sind Optionsscheine nur etwas für „Zocker", die sich mit so was (glauben ...) auszukennen.

Noch ein Hinweis, der für alle Wertanlagen gilt: Machst du einen Gewinn beim Verkauf einer Anlage, erhältst Dividende oder Zinszahlungen, werden dir automatisch davon 25% Steuern abgezogen, die sogenannte Abgeltungs- oder Kapitalertragssteuer. Allerdings hast du einen Freibetrag, der bei 801 Euro im Jahr für Ledige und 1.602 Euro für Verheiratete liegt, d.h. erst wenn deine Kapitalerträge diese Summe übersteigen, fällt die Steuer an. Machst du Verluste beim Verkauf eines Wertpapiers, werden diese mit deinen Gewinnen gegengerechnet, du würdest dann Abgeltungssteuer rückerstattet bekommen.

Wichtig ist bei deinen Wertpapieranlagen eine breite Diversifikation, d.h. Risikostreuung, um nicht vom Kursverlauf weniger Investments abhängig zu sein. Ein solides Depot enthält eine Kombination aus festverzinslichen Wertpapieren, Aktien, Fonds und ETFs.

Zusammenfassend kann festgehalten werden: Wenn du dein Geld in Wertpapiere anlegst, ist das zwar aufwendiger und auch risikoreicher, als wenn du es auf einem Sparbuch sparst, aber hier erzielst du im Durchschnitt im Jahr 5-8% Gewinn.

7 An der Börse eine Order erteilen

Nachdem du nun weißt, welche unterschiedlichen Wertpapiere es gibt, musst du entscheiden, welche du kaufen willst. Du kannst dich, wie schon beschrieben, bei deiner Bank oder im Netz informieren. Geeignet sind auch Börsenzeitungen, die es in vielen Zeitschriftenläden zu kaufen gibt. Hier werden Wertpapiere empfohlen und es wird begründet, warum man sie kaufen sollte. Bei Aktien wird auch beschrieben, welches Geschäftsmodell die AG verfolgt und wie erfolgreich sie in diesem bisher war. Hast du dich für ein Wertpapier entschieden, kannst du deinem Bankberater den Kaufauftrag erteilen, was i.d.R. telefonisch erfolgt. Hast du ein Online Depot, musst du das selbst tun. Was sind nun die Schritte, eine Order, also einen Kauf- oder Verkaufsauftrag zu erteilen? Als erstes musst du dich in dein Depot einloggen, was mit deinem Passwort geschieht. Anschließend wird auf dein Smartphone eine Zahl gesendet, die du in ein Feld eingeben musst, das auf dem Bildschirm erscheint. Nun erst öffnet sich dein Depot. Du siehst jetzt, welche Wertpapiere in deinem Depot sind und auch, welchen momentanen Wert an der Börse sie haben. Meist wird auch angezeigt, um wieviel Prozent bzw. welchen Wert sie seit Kauf gestiegen oder gefallen sind. Du gehst nun auf den Button „Wertpapiere kaufen“. Es wird ein Orderblatt eingeblendet in das du zuerst die genaue Bezeichnung deines Wertpapieres eingeben musst. Du kannst es dir aber auch wesentlich einfacher machen, indem du die WKN nennst, das ist die Wertpapier-Kennnummer, unter der das Papier weltweit gelistet ist. Sie steht bei jedem Wertpapier davor. Die ISIN, die dort auch steht, ist die internationale Wertpapierkennnummer. Dann wirst du gefragt, wie viele Stücke du davon kaufen willst. Die nächste Frage ist, an welcher der Börsen in Deutschland bzw. der Welt dein Auftrag ausgeführt werden soll. Es werden dir automatisch Vorschläge unterbreitet. Du kannst so sehen, wo dein Wertpapier momentan am günstigsten zu bekommen ist. Sollte dein Wertpapier nur an ausländischen Börsen gehandelt werden, z.B. New York, musst du Aufschläge bei den Kaufgebühren miteinkalkulieren und auch umrechnen, wie der Wechselkurs momentan ist, d.h. wieviel Euro einem Dollar entsprechen. Nun kommt die Frage, ob du billigst kaufen willst, was bedeutet, zum momentanen Kurs. Du kannst hier aber auch eingeben, dass du das Wertpapier nur erwerben willst, wenn der Kurs niedriger ist als der momentane Kurs. Du gibst dort einfach den Kurs ein zu dem du das Wertpapier kaufen möchtest. Deine Order wird erst dann ausgeführt, wenn dieser Wert erreicht wird. Du musst in diesem Fall noch angeben, wie lange deine Order gelten soll, also beispielsweise bis Ende des Monats. Hast du alle Eingaben getätigt, wird dir angezeigt wieviel insgesamt deine Order in Euro ausmacht, allerdings ohne die dabei anfallenden Gebühren. Dann fragt man dich, ob die Order ausgeführt werden soll. Bejahst du das, wird wieder eine Zahl auf dein Handy gesendet, die du in das eingeblendete Orderfeld eingeben musst. Dann bekommst du die Meldung, dass deine Order ausgeführt wird. Der Verkauf eines Wertpapieres erfolgt genauso.

Der beschriebene Ablauf des Einloggens bzw. Kaufens von Wertpapieren kann unterschiedlich sein, je nachdem, bei welchem Anbieter du dein Depot hat.

Hast du dein Depot mit Wertpapieren „angefüllt“, solltest du wenigstens einmal im Monat in dein Depot schauen und die Wertentwicklungen checken.

Für die, in deinem Depot sich befindenden Wertpapiere, kannst du auch ein Stop Loss setzen, wie schon mehrfach erwähnt. Das bedeutet, dass du eine Verkaufsorder aufrufst, nun aber nicht billigst anklickst, sondern Stop Loss und den Wert hier einsetzt, zu dem dein Wertpapier verkauft werden soll. Fällt der Kurs an der Börse auf diese Zahl, wird es dann automatisch verkauft, sonst nicht. Du musst auch wieder angeben, wie lange dein Stop Loss gelten soll. Zwei Beispiele zur Verdeutlichung, wann man Stop Loss setzen wird: Du hast Aktien einer AG gekauft, deren Kurs gestiegen ist. Nun liest du aber in einer Finanzzeitung, dass diese AG mit Umsatzrückgängen aus bestimmten Gründen rechnet. Ob sich das aber auf den Kurs an der Börse auswirken wird, sei ungewiss.

KOHL VERLAG Geld anlegen ... aber RICHTIG! Bestell-Nr. 12 780

7 An der Börse eine Order erteilen

Mit dem Stop Loss sicherst du dich gegen einen solchen Fall ab, denn würdest du deine Aktien aufgrund dieser Meldung sofort verkaufen, könnte es sein, dass du nach einem Monat siehst, dass der Kurs dieser Aktie nach einem kurzen Kursrückgang wieder gestiegen ist und weiter steigt, so würdest du dich ärgern, die Aktie verkauft zu haben. Ein weiteres Beispiel: Du hast eine spekulative Aktie erworben und bisher ist diese auch recht schnell gestiegen. Ob das aber so weitergehen wird, ist ja bei spekulativen Aktien immer das Problem. Also wirst du in diesem Fall dein Stop Loss in regelmäßigen Abständen weiter nach oben setzen, damit du bei einem Kursrückgang bzw. sogar einem Kursabsturz keine Verluste machst.
Wenn du ein Wertpapier kaufen willst, kannst du dich über dessen aktuelle und vor allem langfristige Entwicklung in Online-Portalen informieren. Wenn du ein solches aufrufst, siehst du ein Feld, in das du die WKN eingibst. Dann erscheint der aktuelle Kurs dieses Wertpapiers in Form einer Zahl. Daneben gibt es einen sogenannten Chart, d.h. eine graphische Darstellung in Form einer Kurve, wie die Kursentwicklung bisher verlaufen ist. Du kannst dir Charts für einen Monat, drei Monate, ein Jahr oder noch länger anzeigen lassen. So bekommst du einen guten Überblick über die langfristige Entwicklung des Wertpapieres. Der ideale Chart wäre einer, der zwar Ausschläge nach unten bzw. oben hat, aber letztlich einen kontinuierlichen Aufwärtstrend vorweist. Eine weitere Möglichkeit eine Einschätzung der Entwicklung deines Wertpapieres zu bekommen, ist nachzuschauen, was in den letzten 30 Tagen oder 250 Tagen die jeweiligen Höchst- und Tiefstkurse waren. So kannst du abschätzen, ob du dein ins Auge gefasstes Wertpapier momentan zu einem eher günstigeren oder teureren Kurs erwerben kannst.

7 An der Börse eine Order erteilen

Einige Beispiele für Charts:

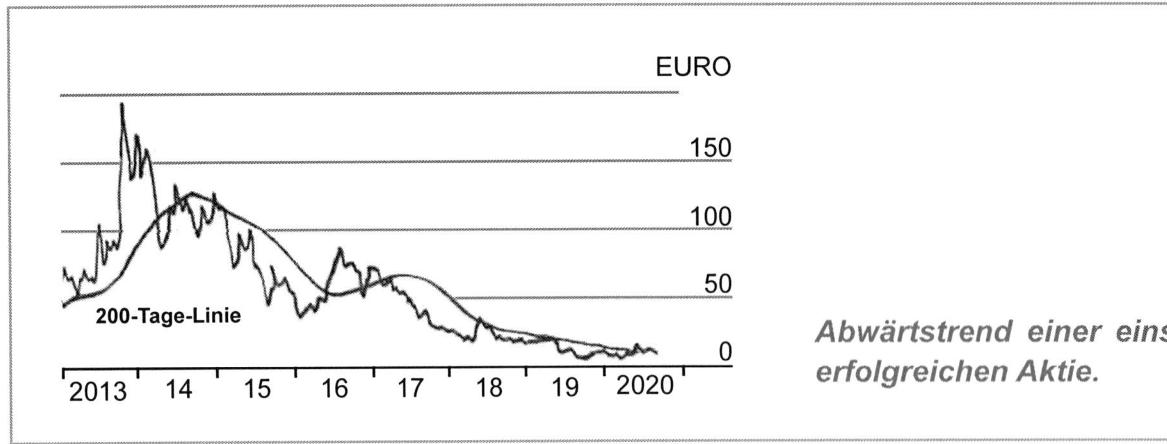

Abwärtstrend einer einst erfolgreichen Aktie.

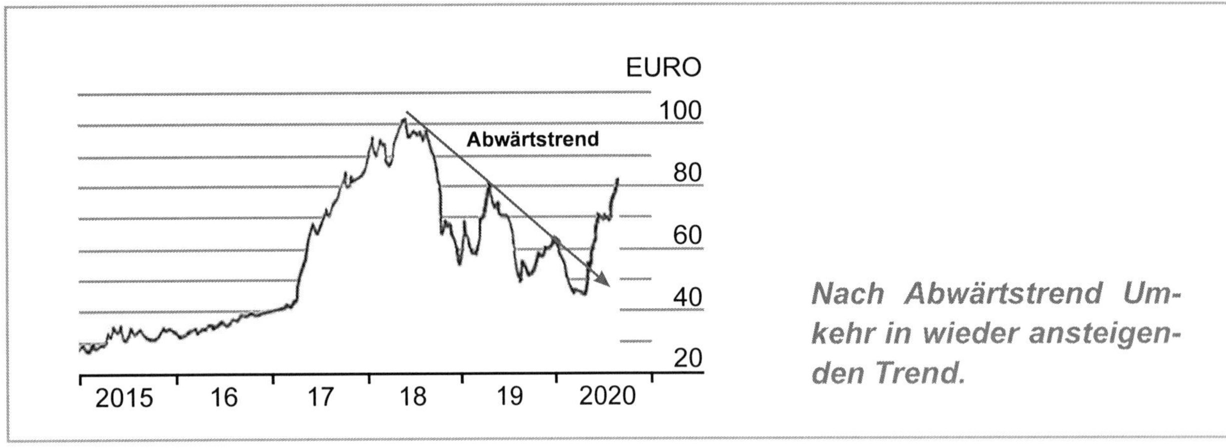

Nach Abwärtstrend Umkehr in wieder ansteigenden Trend.

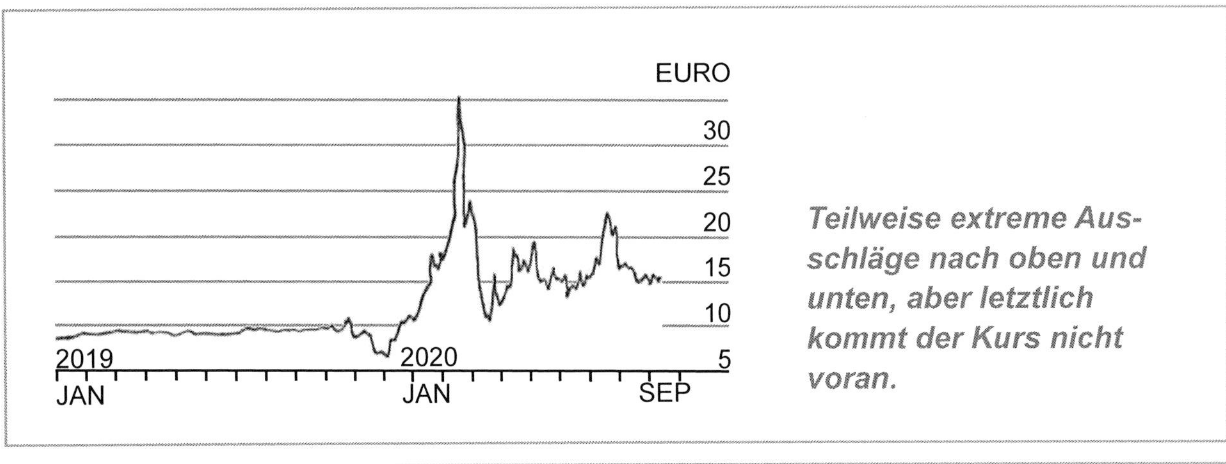

Teilweise extreme Ausschläge nach oben und unten, aber letztlich kommt der Kurs nicht voran.

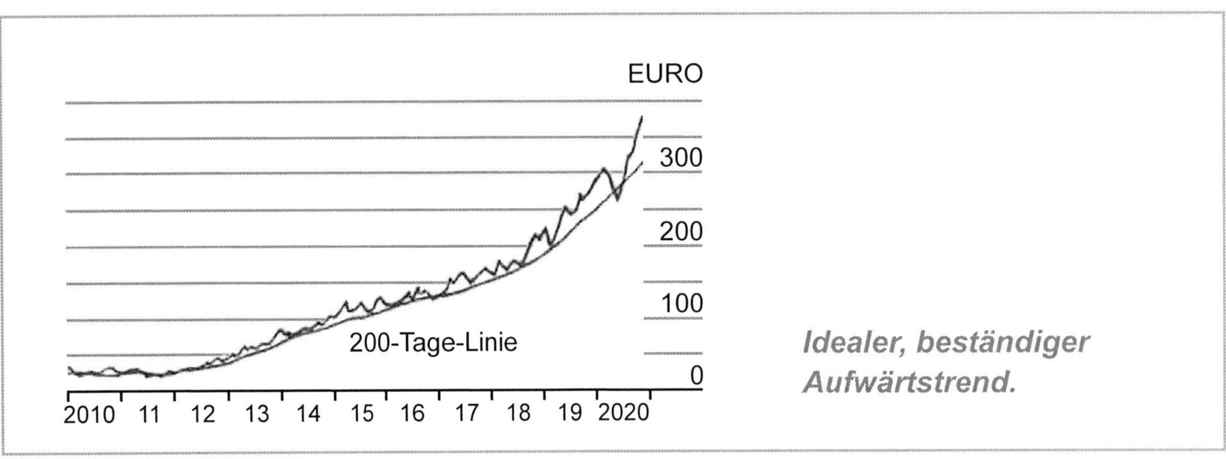

Idealer, beständiger Aufwärtstrend.

8 Gold und Edelmetalle

Du kannst als Sparanlage auch Goldbarren oder andere Edelmetalle kaufen, wie Silber, Platin, Goldmünzen (z.B. Krügerrand) und sie dir zuhause in den Schrank oder besser in einen Banktresor legen. Solche Edelmetalle gelten als krisensichere Anlage, bei der man eigentlich nur gewinnen kann. Der Goldpreis z.B. unterliegt zwar auch Schwankungen, aber letztlich ist er mehr oder minder kontinuierlich in den letzten Jahren gestiegen. Gold kannst du einfach bei deiner Bank als Barren bestellen. Genauso unproblematisch wie du Gold kaufen kannst, kannst du es deiner Bank auch wieder verkaufen. Die Entwicklung des Goldpreises bezogen auf eine Feinunze Gold siehst du in diesem Chart.

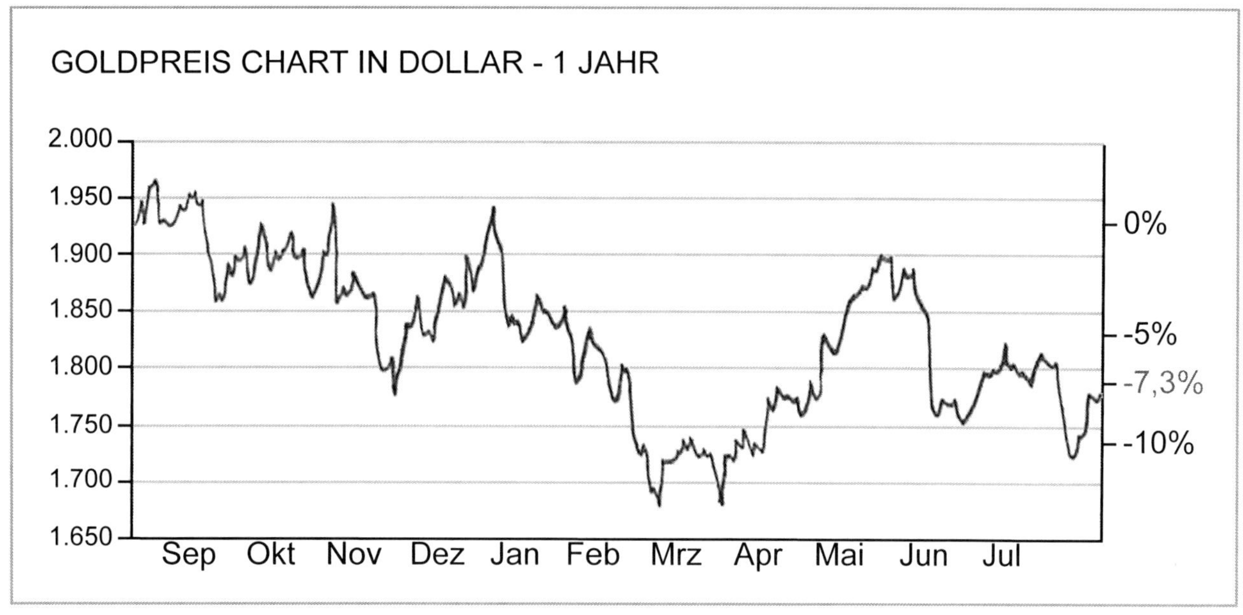

Natürlich brauchst du nicht eine ganze Feinunze zu kaufen, sondern Gold ist auch in kleineren Mengen erhältlich, nach Gramm sortiert, die dann natürlich wesentlich preisgünstiger sind.

9 Exkurs: Die Inflationsrate

Die Inflationsrate gibt an, um wieviel Prozent innerhalb eines Jahres die Preise der am meisten gekauften Waren gestiegen sind. Sie wird vom Statistischen Bundesamt ermittelt. Preisniveaustabilität ist gegeben, wenn die Preise nicht über zwei Prozent steigen. Werden diese zwei Prozent überschritten, gibt es dafür (neben anderen) zwei wesentliche Ursachen: Die Verbraucher fragen mehr Waren nach, weil es z.B. Lohnerhöhungen gab oder der Winter sehr kalt ist und so mehr Heizenergie benötigt wird. So können die Unternehmen ihre Preise erhöhen, ihre Waren sind ja sehr gefragt. Preissteigerungen können aber auch ihre Ursache in gestiegenen Rohstoffkosten bei der Herstellung der Waren haben, die die Unternehmen dann durch Preisaufschläge an die Verbraucher weitergeben. Irgendwann wird allerdings der Punkt kommen, dass die Verbraucher die hohen Preise nicht mehr bezahlen können oder wollen. Ihre Kaufkraft lässt das nicht mehr zu, so werden wesentlich weniger Waren erworben. Bei länger andauerndem Nachfragerückgang kann ein wirtschaftlicher Niedergang (= Rezession) mit Arbeitslosigkeit und Firmenpleiten entstehen.
Die Inflationsrate ist auch der Maßstab dafür, ob sich deine Kaufkraft verändert hat. Unter Kaufkraft versteht man die Menge an Waren, die du mit deinem Einkommen bekommst. Steigen die Preise für die Waren, die du dir kaufst, bekommst du weniger Waren für dein Geld, fallen die Preise, bekommst du mehr Waren.
Die EZB (= Europäische Zentralbank) ist dafür verantwortlich, dass das Preisniveau in allen Ländern der EU, die den Euro haben, stabil bleibt und nicht über 2% steigt. Wird diese Größe überschritten, schreitet die EZB ein, indem sie das Geld verknappt durch Erhöhung des Leitzinssatzes, um so Angebot und Nachfrage nach Waren wieder ins Gleichgewicht zu bringen. Eine kurze Erklärung zum Leitzins: Normalerweise kann man immer nur so viel Geld ausgeben, wie man auf seinem Konto hat, es sei denn, man beschafft sich von seiner Bank einen Kredit, um zusätzliche Güter kaufen zu können oder als Unternehmer neue Produktionsanlegen zu erstellen. Genau hier, bei der Kreditvergabe, setzt die EZB ihren Hebel der Geldmengensteuerung an. Haushalte und Unternehmen werden nämlich eher einen Kredit aufnehmen, wenn die Zinsen für diesen niedrig sind, denn bei niedrigen Zinsen müssen sie ja weniger Geld aufbringen, um diesen zurückzuzahlen, als bei einem hohen Zinssatz. Werden also viele Kredite aufgenommen, steigt die bei Verbrauchern und Unternehmern vorhandene Geldmenge, die sie für Käufe zur Verfügung haben. Werden dagegen weniger aufgenommen, so sinkt die Geldmenge. Die Frage ist nun, von welchen Faktoren es abhängt, ob Banken niedrige oder hohe Zinssätze nehmen. Das Geld, das Banken als Kredite ihren Kunden geben, müssen sie natürlich erst einmal selbst haben. Sie verwenden dazu das ihnen von den Spar- bzw. Girokonto ihrer Kunden überlassene Geld. Sollte dieses nicht reichen, weil beispielsweise viele oder hohe Kredite nachgefragt werden, leihen sich die Banken Geld von der EZB. Dazu müssen sie dieser Sicherheiten bieten, wie du das bei einem Kredit bei deiner Bank ja auch tun musst. Solche Sicherheiten können z.B. Schuldverschreibungen, Anleihen oder Aktien im Besitz der Bank sein. Die EZB stellt den Banken das Geld auch nicht kostenlos zur Verfügung, sondern die Banken müssen dafür Zinsen zahlen und natürlich das geliehene Geld auch innerhalb des vereinbarten Zeitraumes an die EZB zurückerstatten. Den Zinssatz, den die EZB den Banken berechnet, bezeichnet man als Basiszinssatz. Auf diesen schlägt deine Bank einen bestimmten Prozentsatz auf, denn sonst würde sie ja an dem dir zur Verfügung gestellten Kredit nichts verdienen. Ist der Basiszins beispielsweise 0,5%, wird deine Bank darauf z.B. 1% aufschlagen, sodass du an sie nun 1,5 % Zinsen zahlen musst. Sollte nun allerdings jemand auf die Idee kommen, sich selbst Geld von der EZB leihen zu wollen, um den Aufschlag der Banken zu vermeiden, ist dies nicht möglich, die „Kunden“ der EZB sind ausschließlich Banken der EU-Länder.

KOHL VERLAG Geld anlegen ... aber RICHTIG! Bestell-Nr. 12 780

9 Exkurs: Die Inflationsrate

Es gilt also: Ist der von der EZB festgelegte Basiszinssatz niedrig, werden mehr Kredite nachgefragt, die Nachfrage nach Gütern wird steigen, inflationäre Tendenzen stellen sich längerfristig ein. Ist der Basiszins hoch, werden weniger Kredite aufgenommen, die Nachfrage sinkt und mit ihr die Inflationsrate. Durch den Basiszinssatz also steuert die EZB die Geldmenge und damit die Kaufkraft, die bei Haushalten und Unternehmen vorhanden ist und hält so die Inflationsrate im Rahmen der 2%.

Seit einigen Jahren ist der Basiszinssatz der EZB extrem niedrig. So versucht sie einen Anreiz vor allem für Unternehmen zu setzen, sich Geld von den Banken für neue Investitionen zu leihen. Für diese benötigen die Unternehmen i.d.R. neue Mitarbeiter. So soll die hohe Arbeitslosigkeit vor allem in den „Südländern“ der EU wie Griechenland, Spanien, Portugal oder Italien verringert werden. Bisher hat diese Niedrigzins-Politik allerdings die Arbeitslosenquoten in den genannten Ländern nicht wesentlich reduzieren können. In den „Nordländern“ wie beispielsweise Frankreich, Deutschland oder Finnland ist durch den niedrigen Zins für Darlehen der Konsum gestiegen. Ein Nebeneffekt dieser geringen Zinssätze ist auch, dass Banken sich „billiges Geld“ bei der EZB leihen und es für Spekulationsgeschäfte an der Börse verwenden, was zu einer neuen Finanzkrise führen könnte.
Die aktuelle Inflationsrate liegt bei 0,5% (Stand Mai 21), in den letzten 5 Jahren lag sie im Durchschnitt bei 1,2%.

Aufgaben

Aufgabe 1

Erkundige dich bei allen Banken und Sparkasse in deinem Ort, wie hoch die Zinsen für ein Sparbuch, ein Tagesgeld und ein Festgeld Konto momentan sind. Vergleiche dann diese Zinssätze mit Online-Banken, beziehe auch Paypal mit ein.

Welche Bank bietet dir die meisten Zinsen?

Aufgabe 2

Deine Eltern haben noch einen alten Bausparvertrag aus dem Jahre 1995, auf dem inzwischen 60.000 Euro angespart wurden. Bei Inanspruchnahme eines Darlehens sind 3% Zinsen zu zahlen. Du möchtest dir eine Eigentumswohnung kaufen, die 130.000 Euro kosten soll. Deine Eltern wären bereit, dir die 60.000 Euro und das Darlehen dafür zur Verfügung zu stellen. Ein Freund rät dir, bevor du das Angebot deiner Eltern annimmst, dich erstmal zu erkundigen, wie der momentane Zinssatz für ein Baudarlehen bei deiner Bank ist. Du tust das und erfährst, er liegt bei 0,6%, allerdings werden nur 80% der Eigentumswohnung finanziert, den Rest von 26.000 Euro müsstest du aus Eigenmitteln aufbringen.

Wie hoch wären die Zinsen, die du insgesamt zahlen müsstest, würdest du die Wohnung mit dem Bausparvertrag finanzieren, wie hoch wären sie bei einer Finanzierung mit dem Baudarlehen?

Aufgabe 3

Du hast vor 10 Jahren einen Bausparvertrag abgeschlossen und inzwischen sind 60.000 Euro auf dem Konto. Der Zinssatz für das Darlehen beträgt 2,25%. Du beabsichtigst ein Haus zu kaufen, welches in einer schönen Gegend auf dem Land liegt, aber einiges an Renovierungsarbeiten erfordert, die du aber glaubst selbst und mit Freunden hinzubekommen. Das Haus soll daher auch lediglich 160.000 Euro kosten. Du überlegst, ob du es günstiger mit einem Baukredit finanzieren könntest und erkundigst dich bei deiner Bank, die dir einen Kredit in Höhe von 128.000 Euro einräumen würde bei einem Zinssatz von 0,6%.

Wäre es für dich günstiger, den Bausparvertrag für den Kauf des Hauses zu verwenden oder den Kredit deiner Bank? Begründe deine Meinung.

Aufgabe 4

a) Du beginnst eine Ausbildung. Im ersten Jahr erhältst du 830 Euro Ausbildungsvergütung monatlich, im zweiten 960 Euro im dritten 1050 Euro. Pro Monat sparst du 50 Euro VWL als Bausparen an, dein Arbeitgeber gibt dir 20 Euro dazu.

Welchen Betrag hast du zum Ende deiner Ausbildung nach drei Jahren angespart, die Abzüge für die Sozialabgaben nicht berücksichtigt?

b) Du sparst VWL nicht als Bausparen, sondern als Beteiligungssparen.

Wie sieht nun die Endabrechnung nach den drei Jahren aus?

KOHL VERLAG Geld anlegen ... aber RICHTIG! Bestell-Nr. 12 780

Aufgabe 5

a) Du willst dir eine Eigentumswohnung kaufen, die 220.000 Euro kosten soll. Die Nachfrage bei deiner Bank ergibt, dass sie dir die Wohnung zu 70% finanzieren würde bei einem Zinssatz von 0,9%. Die restlichen 30% zum Kauf der Wohnung, also 66.000 Euro, könntest du durch den Verkauf fast aller Anleihen, Fonds und Aktien deines Depots aufbringen. Die Miete für die Wohnung, in der du momentan wohnst, beträgt 500 Euro. Du möchtest in 20 Jahren deine Immobilie abbezahlt haben.

Wie hoch müssen dann deine monatlichen Raten inklusive der Zinsen sein?

b) Ein Freund von dir, dem du die Finanzierungsbedingungen deiner Bank schilderst, meint, wenn du die Wohnung erstmal nicht selbst beziehst, sondern sie 10 Jahre lang vermietest, würdest du sie schon nach 10 Jahren abbezahlt haben. Dabei geht er davon aus, dass du monatlich die gleiche Rate wie bei einer zwanzigjährigen Finanzierung zahlst. Die ortsübliche Miete für die Eigentumswohnung kalkuliert er mit 650 Euro pro Monat.

Hat dein Freund richtig gerechnet?

c) Du gibst deinem Freund gegenüber zu bedenken, dass du, würdest du gleich in die Wohnung einziehen, 10 Jahre lang deine momentane Miete von 500 Euro pro Monat einsparen könntest. Würdest du diese eingesparten 500 Euro dazu verwenden, deine monatliche Tilgungsrate um 500 Euro zu erhöhen, hättest du deine Eigentumswohnung auch nach 10 Jahren abbezahlt, würdest aber dann in dieser von vornherein selbst wohnen.

Ist dein Einwand berechtigt?

KOHL VERLAG Geld anlegen .... aber RICHTIG! Bestell-Nr. 12 780

Aufgabe 6

a) Nimm einmal fiktiv an, du hättest vor 5 Jahren jeweils 10 Stück der Anleihen gekauft, die im Kapitel 5.1 als Beispiele genannt wurden. Die damaligen Kurse für die Anleihen waren:

- Bundesrepublik Deutschland: 170 Euro pro Stück
- Finnland: 130 Euro pro Stück,
- Griechenland: 109 Euro pro Stück
- VW: 107 Euro pro Stück.
- Deutsche Telekom: 175 Euro pro Stück.
- Twitter: 101 Euro pro Stück.
- Alphabet: 109 Euro pro Stück.

Wie hoch wäre in etwa dein erzielter Gewinn bei jeder der 7 Anlagen? Berücksichtige dabei auch Kursgewinne bzw. -verluste der Anleihen. Die Gebühr beim Kauf beträgt in deinem Depot pauschal 15 Euro.

b) Nimm nun fiktiv an, du hättest vor 5 Jahren für ca. 1.000 Euro Langweiler Aktien einer der im Kapitel 5.2 genannten AGs gekauft. Die damaligen Kurse für die Aktien waren:

- Coca-Cola: 210 USD pro Aktie.
- McDonalds: 118 USD pro Aktie.
- Nestlé: 75 Euro pro Aktie.
- Amazon: 683 USD pro Aktie.
- Alphabet: 900 USD pro Aktie.
- Vonovia: 29 Euro pro Aktie.
- LVMH: 130 Euro pro Aktie.

Die Dividende der jeweils gekauften Aktien beträgt 12 Euro bzw. USD für die gesamte Anzahl der erworbenen Aktien. Diese Annahme soll der Vereinfachung beim Ausrechnen dienen. In der Realität werden sich natürlich unterschiedliche Dividenden ergeben. Auch die Kaufgebühr wird aus Vereinfachungsgründen nicht berücksichtigt.

Wie hoch ist in diesem Fall dein bisher erzielter Gewinn bzw. Verlust jeweils für die aufgeführten Aktien der AGs?

c) Nun nimm an, du hättest einen der im Kapitel 5.3 genannten Fonds vor 5 Jahren gekauft. Die Kurse betrugen:

- Fidelity Fond Emer: Market, 74 Euro pro Anteil.
- First Private Europe Dividende: 78 Euro pro Anteil.
- Fonds Franklin Technologie: 14 Euro pro Anteil.
- AGIF-All-Agricult Trends: 153 Euro pro Anteil.
- Fidelity China Focus A DL: 48 Euro pro Anteil.
- Global Conv. Bonds: 138 Euro pro Anteil.

Du hast ca. 1.000 Euro in einen Fond investiert. Der Ausgabeaufschlag betrug 4% des Kaufpreises. Die ausgezahlten Gewinne der Fonds sollen nicht berücksichtigt werden, auch die Gebühren für den Kauf nicht.

Wie hoch ist bei den genannten Fonds jeweils dein bisher erzielter Kursgewinn?

KOHL VERLAG Geld anlegen – aber RICHTIG! – Bestell-Nr. 12 780

Aufgabe 7

Du willst 1.000 Euro neu in Aktien investieren. Folgende Firmen hast du in die engere Wahl genommen:

Firma A: Ein Kleidungshersteller mit guter Qualität und gutem Label, angesiedelt im mittleren Preissegment, Filialen in ganz Deutschland und den Benelux Ländern. Die Umsätze in etlichen Filialen sind allerdings seit 2 Jahren rückläufig, vor allem auch bedingt durch die Corona-Einschränkungen. Die Firma baut verstärkt den Online-Handel aus, wobei sie dabei ein neues Konzept hat: Wenn der Kunde/in einen Fragebogen ausfüllt und, wenn er das wünscht, ein Bild von sich einschickt, erfolgt eine Online-Beratung und Vorschläge für Kleidungsstücke. Diese kann der Kunde/in per Computerprogramm dann an sich selbst angezogen sehen. Dieses Konzept kommt bisher sehr gut an, vor allem bei jüngeren Kunden/innen, erfordert aber zusätzliche Kosten. Im letzten Jahr wurde keine Dividende gezahlt, im Gegensatz zu den bisherigen Jahren, wo diese bei 4-5% lag. Der Chart hatte vor 2 Jahren einen steilen Anstieg, fiel dann ziemlich ab, zieht aber seit einem halben Jahr wieder an. Das Management ist altbewährt, die Eigenkapitalquote liegt bei über 25%.

Firma B: Ein Getränke-Hersteller, spezialisiert auf Energy Drinks. Er steht in Konkurrenz mit 3 anderen Firmen. Die Firma will neu in den Bereich Gesundheitsgetränke einsteigen, z.B. Vitamindrinks bzw. Gesundheitscocktails, so besagt es eine Zeitungsmeldung. Die Dividende lag bisher zwischen 10 und 15%. Der Chart weist teilweise größere Ausschläge nach oben bzw. unten aus, ist aber seit einem Jahr im beständigen Aufwärtstrend. Das Management ist seit einem Jahr auf 4 Posten neu besetzt. Die Eigenkapitalquote liegt bei knapp 13%.

Firma C: Sie übernimmt Dienstleistungen im Bereich der Müllentsorgung für Städte und Gemeinden in Deutschland, ist aber auch in einigen südlichen EU-Ländern, die den Euro haben, tätig. Die Dividende lag bis vor zwei Jahren bei durchschnittlich 12%, dann fiel sie auf 6%. Die Firma ist dabei, nach Osteuropa zu expandieren, vor allem Polen und Ungarn, wofür recht hohe Investitionen getätigt wurden. Diese sollen über die Ausgabe junger Aktien finanziert werden. Der Chart weist seit einem halben Jahr einen Abwärtstrend aus, ist aber gerade dabei, wieder in einen relativ guten Aufwärtstrend zu wechseln. Die Eigenkapitalquote liegt bei 18%. Das Management ist seit 10 Jahren in dieser Funktion.

Firma D: Sie ist ein europaweit führender Hersteller von Kosmetik-Artikeln. In letzter Zeit wurden immer mehr nachhaltige Produkte auf den Markt gebracht, die aber teurer sind, als die herkömmlichen. Das Geschäft mit diesen läuft eher schleppend, trotz beständiger Werbung. Der Gewinn ist im letzten Jahr um 3% zurückgegangen, ebenso die Dividende, die bisher immer um 1-2% zunahm. Der Chart weist einen beständigen Aufwärtstrend von 2-3% pro Jahr aus, auch im letzten Jahr. Die Eigenkapitalquote beträgt seit etlichen Jahren 14%. Das Management ist erst seit einem halben Jahr im Amt.

Firma E: Sie stellt Medikamente her und ist mit diesen bisher führend im Bereich Diabetes. Sie betreibt viel Forschung, ein neues Medikament steht kurz vor der Zulassung. Seit einem Jahr versucht ein Konkurrent aus den USA im Bereich der Diabetes Medikamente mit sehr niedrigen Preisen sich auf dem deutschen Markt zu etablieren. Die Dividende, die bisher fast immer 20-25% betrug, ist für das letzte Jahr auf 16% zurückgegangen. Der Chart zeigt mit geringen Ausschlägen nach unten seit Jahren einen beständigen Aufwärtstrend, allerdings hat er für das letzte Jahr einen Abwärtstrend um 7% aufzuweisen. Das Unternehmen hat kaum Schulden und seit Jahren ein gutes, bewährtes Management.

Firma F: Ein Energieversorger, breit aufgestellt in allen Energiearten, im Bereich Windkraft allerdings in starkem Konkurrenzkampf mit anderen Anbietern. Die Dividende liegt seit Jahren konstant bei 10-12%, ebenso die Eigenkapitalquote. Der Chart weist immer wieder größere Ausschlägen nach oben und unten aus, befindet sich aber seit einem halben Jahr im Aufwärtstrend. Die Firma bekam vor 4 Monaten die Genehmigung, 60 Windräder an der Ostsee auf Rügen bauen zu dürfen. Im Management sind 3 Positionen seit 3 Monaten neu besetzt worden.

Analysiere die genannten Firmen bezüglicher ihrer Vor- und Nachteile. Orientiere dich dabei auch an den Kriterien, die Waren Buffet beim Kauf von Aktien nannte. Da du nicht alles „auf eine Karte“ setzen willst, willst du in zwei Firmen investieren. Für welche beiden Firmen entscheidest du dich? Begründe deine Wahl durch mindestens 4 Argumente.

KOHL VERLAG Geld anlegen ... aber RICHTIG! Bestell-Nr. 12 780

Aufgabe 8

Du hast 3.000 Euro Cash zur Verfügung, da du Aktien mit gutem Gewinn verkauft hast. Du hast bisher wenig im Bereich Supermarktketten investiert und willst in diesen Bereich neu einsteigen. Drei Aktien kommen infrage:

Firma A: Sie betreibt hauptsächlich Supermärkte in den USA, ein stetiger Aufwärtstrend des Charts seit 3 Jahren ist zu verzeichnen. Der durchschnittliche Wertzuwachs der Aktie betrug in den letzten 4 Jahren 6 Prozent pro Jahr, die Dividende pro Aktie im Durchschnitt 3 Euro. Der momentane Kurs der Aktie liegt bei 34 Euro.

Firma B: Diese Firma hat weltweit Supermarktketten, der Chart weist in den letzten 3 Jahren kleinere Ausschlägen nach oben und unten aus. Der durchschnittliche Wertzuwachs der Aktie liegt seit 5 Jahren bei 8 Prozent pro Jahr, die Dividende im Durchschnitt bei 2 Euro. Der momentane Kurs der Aktie beträgt 19 Euro.

Firma C: Sie betreibt Supermarktketten in Europa. Der Chart weist größere Ausschläge nach oben und unten aus. Der durchschnittliche Wertzuwachs der Aktie betrug 5 Prozent pro Jahr, die Dividende im Durchschnitt pro Jahr 12 Euro. Der momentane Kurs der Aktie liegt bei 28 Euro.

Die Gebühren beim Kauf betragen bei deinem Depot pauschal 15 Euro.
Du gehst davon aus, dass sich der jeweilige Kursanstieg der Aktien, sowie die Dividenden auch weiterhin in gleichem Maße entwickeln werden, so sagen es zumindest die Finanzzeitungen, aus denen du dir die drei Firmen ausgesucht hast.
Errechne anhand des durchschnittlichen Wertzuwachses, der Dividende und des momentanen Kurses der Aktien, wie hoch dein Gewinn bei jeder der drei infrage kommenden AGs in einem Jahr wäre, vergiss die Gebühren dabei nicht. Gibt es für dich außer der rechnerischen Analyse noch weitere Kriterien, dich für den Kauf der Aktien einer der AGs zu entscheiden?

KOHL VERLAG Geld anlegen .... aber RICHTIG! Bestell-Nr. 12 780

Aufgabe 9

Wo siehst du jeweils die Vor- und Nachteile der Anlageformen Anleihen, Aktien, Fonds und ETFs? Würdest du eine der Formen für dich bevorzugen und warum?

Aufgabe 10

Stelle dir einmal vor, du hättest 10.000 Euro zur Verfügung. Mit diesen willst du Wertpapiere kaufen. Lege dir ein fiktives Depot an, z.B. in Form einer Excel-Tabelle. Überlege, wie die Diversifikation deines Depots aussehen sollte und informiere dich in Börsenzeitungen, welche Wertpapiere empfohlen werden. Entscheide dann, welche der dort genannten Papiere du aus welchen Gründen kaufen würdest. Schaue nun in einem Online-Portal nach, wie die momentanen Kurse für die von dir ausgewählten Wertpapiere sind und „kaufe" eine entsprechende Anzahl. Trage in deiner Excel-Tabelle den Namen und die WKN der gekauften Wertpapiere ein, den Kurswert, zu dem du sie erworben hast, deren Gesamtwert plus der für den Kauf erforderlichen Gebühren, mindestens 10 Euro pro Kauf und 0,5% vom Gesamtwert des gekauften Wertpapiers, und wann (= Datum) du sie erworben hast. Investiere aber nicht dein ganzes Geld, sondern behalte einen Betrag cash, damit du ggfs. Wertpapiere nachkaufen (falls deren Kurs günstiger als der momentane) oder neue Wertpapiere erwerben kannst, falls deren Kurs günstiger als der momentane ist, oder du weitere Wertpapiere erwirbst. Schaue nach einer Woche wieder bei deinem Online-Portal, wie die Kurse deiner Papiere nun stehen. Trage sie in deine Tabelle ein und analysiere, was sich verändert hat. Tue das Gleiche eine Woche später erneut. Entscheide nun auch, ob du Wertpapiere verkaufen, bei einigen ein Stop Loss setzen oder neue kaufen willst.

Nach einem Monat ziehst du eine erste Bilanz.

Um welchen Wert ist dein Depot gestiegen bzw. gefallen? Wieviel Prozent hast du Plus gemacht bzw. Verluste eingefahren? Schaue dir nun jeden Monat dein Depot an. Wie sieht dessen Bilanz nach einem Quartal aus, wie nach einem halben Jahr?

Tipp: Du kannst auch mit deinen Klassenkameraden quasi in Konkurrenz treten, wenn diese ebenfalls ein solches fiktives Depot führen. Nach einem Monat vergleicht ihr, wer am erfolgreichsten investierte.
Das Depot zusammen mit einem Freund/in zu führen hat den Vorteil, sich darüber austauschen zu können, welche Wertpapiere gekauft bzw. verkauft werden sollten und welche nicht.

KOHL VERLAG Geld anlegen ... aber RICHTIG! Bestell-Nr. 12 780

Lösungen

Aufgabe 1

Individuelle Lösungen, je nach Bank, Sparkasse bzw. Wohnort. Die Zinssätze bei Online-Banken bzw. Paypal werden i.d.R. am günstigsten sein.

Aufgabe 2

60.000 Euro als Darlehen aus dem Bausparvertrag würden 1.800 Euro an Zinsen erfordern. Da noch ein Restbetrag von 10.000 Euro für den Ankauf der Eigentumswohnung verbleibt, muss dieser finanziert werden mit 0,6%, was 60 Euro ausmacht, also sind insgesamt 1.860 Euro Zinsen zu zahlen.
Beim Baudarlehen würde deine Bank nur maximal 80% der Kaufsumme für deine Eigentumswohnung finanzieren, vgl. die entsprechenden Ausführungen zu Hypothekenzinsen, also 104.000 Euro, bezogen auf diesen Betrag betragen die Zinsen 624 Euro. Du müsstest also 26.000 Euro bei Kauf der Wohnung von dir aus aufbringen. Entweder du hast diese angespart, z.B. in deinem Depot oder du würdest einen Teil der von deinen Eltern angesparten Summe aus dem Bausparvertrag dazu verwenden.

Aufgabe 3

Beim Bauspardarlehen über 60.000 Euro betragen die Zinsen (= 2,25%) für dieses 1.350 Euro, den Rest von 40.000 Euro für den Hauskauf müsstest du über einen Hypothekenkredit bei deiner Bank finanzieren. Ein Zinssatz von 0,6% angenommen würde dich das nochmal 240 Euro Zinsen kosten. Insgesamt hättest du also 1.590 Euro Zinsen zu zahlen. Bei der Kreditaufnahme bei deiner Bank mit einem Zinssatz von 0,6% bekommst du nur maximal 80% des Kaufpreises für die Immobilie genehmigt, also 128.000 Euro, für die du 768 Euro Zinsen zahlen musst. Die noch verbleibenden 32.000 Euro zum Kauf müsstest du aus eigener Tasche aufbringen, z.B. durch gute Gewinne in deinem Depot. Also zahlst du beim Bauspardarlehen 822 Euro mehr an Krediten. Allerdings bleibt die Frage, ob und wie du die 32.000 Euro Restbetrag beim Kauf der Eigentumswohnung aufbringen kannst. Diese Frage stellt sich beim Bauspardarlehen nicht, denn du kannst in diesem Fall den angesparten Betrag dafür verwenden. Der Restbetrag des Bausparvertrages könnte auch für die anstehenden Renovierungsarbeiten verwendet werden.

Aufgabe 4

a) Gesamtbetrag: 2.649 Euro.
Pro Jahr werden 840 Euro angespart, zusammengesetzt aus deinem Anteil und dem deines Arbeitgebers. Pro Jahr erhältst du 9% vom Staat auf diese Summe, die Arbeitnehmersparzulage, denn dein Einkommen liegt unter der Bemessungsgrenze von 20.000 Euro Jahresverdienst, allerdings ist der Höchstbetrag auf 43 Euro gedeckelt.
b) Gesamtbetrag: 2.760 Euro.
Pro Jahr werden 840 Euro angespart, zusammengesetzt aus deinem Anteil und dem deines Arbeitgebers. Pro Jahr erhältst du 20% vom Staat auf diese Summe, dein Einkommen liegt unter der Bemessungsgrenze von 20.000 Euro, allerdings ist der Höchstbetrag auf 80 Euro gedeckelt.

Geld anlegen .... aber RICHTIG! Bestell-Nr. 12 780

Aufgabe 5

a) 154.000 Euro sind zu finanzieren plus der Zinsen von 1.386 Euro. Die monatliche Rate beträgt 647,44 Euro bei einer Laufzeit von 20 Jahren.

b) Es sind wiederum 155.386 Euro zu finanzieren. Die Mieteinnahmen in 10 Jahren betragen bei einer monatlichen Miete von 650 Euro 78.000 Euro. Du müsstest also selbst noch 77.386 Euro finanzieren. Um diese Summe zu erreichen, müsstest du monatlich 644,88 Euro aufbringen, um nach 10 Jahren das Darlehen getilgt zu haben, also liegt dein Freund richtig, du bräuchtest sogar 3 Euro pro Monat weniger zahlen, als wenn du gleich einziehen würdest.

c) Es sind wiederum 155.386 Euro zu finanzieren. Du zahlst nun 1.147,44 Euro pro Monat (= 647,44 Euro plus 500 Euro) als Tilgung des Kredites. Nach 10 Jahren hättest du so 137.692,80 Euro des Kredites abbezahlt, es verblieben noch 17.693,20 Euro. Also hättest du nach 10 Jahren deine Wohnung nicht abbezahlt.

Aufgabe 6

a) Lösung (Stand Mai 21):
Bundesrepublik Deutschland: Laufzeit bis 04.31, Zinssatz: 5,5% / WKN: 113517
Gekauft für 170 Euro pro Stück, momentaner Kurs 160 Euro. 10 Stück = 1700 Euro, jetziger Wert 1600 Euro. Verlust = 100 Euro. Die Gebühr für den Kauf hinzugerechnet = 115 Euro Verlust. Zinsen 5,5% = 55 Euro pro Jahr, insgesamt bisher 275 Euro. Gewinn gesamt = 160 Euro.
Finnland: Laufzeit bis 07.25, Zinssatz: 4% / WKN: A1ANXA
Gekauft für 130 Euro pro Stück, momentaner Kurs 120 Euro. 10 Stück = 1.300 Euro, jetziger Wert 1.200 Euro. Verlust = 100 Euro. Die Gebühr für den Kauf hinzugerechnet = 115 Euro Verlust. Zinsen 4% = 40 Euro pro Jahr, insgesamt bisher 200 Euro. Gewinn gesamt = 85 Euro.
Griechenland: Laufzeit bis 02.40, Zinssatz: 3,65% / WKN: A1G1UT
Gekauft für 109 Euro pro Stück, momentaner Kurs 139 Euro. 10 Stück = 1.090 Euro, jetziger Wert 1.390 Euro. Gewinn = 300 Euro. Die Gebühr für den Kauf hinzugerechnet = 285 Euro Gewinn. Zinsen 3,65% = 36 Euro pro Jahr, insgesamt bisher 182,50 Euro. Gewinn gesamt = 467,50 Euro
VW: Laufzeit bis 11.26, Zinssatz: 3,375% / WKN: A2RUFL
Gekauft für 107 Euro, momentaner Kurs 107 Euro. 10 Stück = 1.070 Euro, jetziger Wert 1.070 Euro. Gewinn = 0 Euro. Die Gebühr für Kauf hinzugerechnet = 15 Euro Verlust. Zinsen 3,375% = 33,75 Euro pro Jahr, insgesamt bisher 168,75 Euro. Gewinn gesamt = 153,75 Euro.
Deutsche Telekom: Laufzeit 01.33, Zinssatz: 7,5% / WKN: 728317
Gekauft für 175 Euro, momentaner Kurs 175 Euro. 10 Stück = 1.750 Euro, jetziger Wert 1.750 Euro. Gewinn = 0 Euro. Die Gebühr für Kauf hinzugerechnet = 15 Euro Verlust. Zinsen 7,5% = 75 Euro pro Jahr, insgesamt bisher = 375 Euro. Gewinn gesamt = 360 Euro.
Twitter: Laufzeit 12.27, Zinssatz: 3,875% / WKN: A2SBG4
Gekauft für Euro 101 Euro, momentaner Kurs 107 Euro. 10 Stück = 1.010 Euro, jetziger Wert = 1.070 Euro. Gewinn = 60 Euro. Die Gebühr für Kauf hinzugerechnet = 45 Euro Gewinn. Zinsen 3,875% = 38,75 Euro pro Jahr, insgesamt bisher 193,75 Euro. Gewinn gesamt = 238,75 Euro.
Alphabet: Laufzeit bis 02.24, Zinssatz: 3,375% / WKN: A1VEW3
Gekauft für Euro 109 Euro, momentaner Kurs 106 Euro. 10 Stück = 1090 Euro, jetziger Wert = 1060 Euro. Verlust = 30 Euro. Die Gebühr für Kauf hinzugerechnet = 45 Euro Verlust. Zinsen 3,375% = 33,75 Euro pro Jahr, insgesamt bisher 168,75 Euro. Gewinn gesamt = 123,75 Euro.

KOHL VERLAG Geld anlegen ... aber RICHTIG! Bestell-Nr. 12 780

b) Lösung (Stand Mai 21):
Coca-Cola (WKN 850663)
Gekauft für 210 USD, momentaner Kurs 236 USD. Ca. 5 Stück (Wechselkurs berücksichtigt) = 1.050 USD, jetziger Wert 1180 USD. Gewinn = 130 USD. Die Gebühr für den Kauf abgerechnet = ca. 115 USD. Dividende 12 Euro = 60 Euro gesamt. Gewinn insgesamt = 175 USD. Umrechnung in Euro: 1 USD = 0,83 Euro, also ca. 145 Euro.
McDonalds (WKN 856958)
Gekauft für 118 USD, momentaner Kurs 236 USD. Ca. 9 Stück = 1.062 USD, jetziger Wert 2.124 USD. Gewinn = 1.062 USD. Die Gebühr für den Kauf abgerechnet = ca. 1.047 USD. Dividende 12 USD = 60 USD gesamt. Gewinn insgesamt = 1107 USD. Umrechnung in Euro: Ca. 918,81 Euro.
Nestlé (WKN: A0Q4DC)
Gekauft für 75 Euro, momentaner Kurs 91 Euro. 13 Stück = 975 Euro, jetziger Wert 1.183 Euro. Gewinn = 208 Euro. Die Gebühr für den Kauf abgerechnet = 193 Euro. Dividende 12 Euro = 60 Euro gesamt. Gewinn insgesamt = 253 Euro.
Amazon (WKN 906866)
Gekauft für 683 USD, momentaner Kurs 3.466 USD. 1 Stück = 638 USD, jetziger Wert 3.466 USD. Gewinn = 2.783 USD. Die Gebühr für den Kauf abgerechnet = 2.768 USD. Dividende 12 USD = 60 USD gesamt. Gewinn insgesamt = 2.828 USD. Umrechnung in Euro: Ca. 2.347 Euro.
Alphabet (= Google) (WKN A14Y6F),
Gekauft für 900 USD, momentaner Kurs 2.353 USD. 1 Stück = 900 USD, jetziger Wert 2.353 USD. Gewinn = 1.453 USD. Gebühr für Kauf abgerechnet = 1.438 USD. Dividende 12 USD = 60 USD gesamt. Gewinn insgesamt = 1.498 USD. Umrechnung in Euro: Ca. 1.243 Euro.
Vonovia (WKN A1ML7J)
Gekauft für 29 Euro, momentaner Kurs 55 Euro. 34 Stück = 986 Euro, jetziger Wert = 1870 Euro. Gewinn = 884 Euro. Gebühr für Kauf abgerechnet = 869 Euro. Dividende 12 Euro = 60 Euro gesamt. Gewinn insgesamt = 929 Euro.
LVMH (WKN 853292)
Gekauft für 130 Euro, momentaner Kurs 626 Euro. 7 Stück = 910 Euro, jetziger Wert = 4.382 Euro. Gewinn = 3.472 Euro. Gebühr für Kauf abgerechnet = 3.457 Euro. Dividende 12 Euro = 60 Euro gesamt. Gewinn insgesamt = 3.517 Euro.

c) Lösung (Stand Mai 21):
Fidelity Fond Emer. Market (WKN A0LFZ9)
Gekauft für 74 Euro, momentaner Kurs 104 Euro. 13 Stück = 962 Euro, jetziger Wert = 1.352 Euro. Gewinn = 390 Euro. Gebühr für Kauf von 4% abgerechnet (= 38) = 352 Euro Gewinn.
First Private Europe Dividende (WKN 977961)
Gekauft für 78 Euro, momentaner Kurs 104 Euro. 12 Stück = 936 Euro, jetziger Wert = 1.248 Euro. Gewinn = 312 Euro. Gebühr für Kauf von 4% abgerechnet (= 37) = 275 Euro Gewinn.
Fonds Franklin Technologie (WKN 937446)
Gekauft für 14 Euro, momentaner Kurs 35 Euro. 71 Stück = 994 Euro, jetziger Wert = 2.485 Euro. Gewinn = 1.491. Gebühr für Kauf von 4% abgerechnet (= 39) = 1.452 Euro Gewinn.
AGIF-All-Agricult Trends (WKN A0NCGS)
Gekauft für 153 Euro, momentaner Kurs 156 Euro. 6 Stück = 918 Euro, jetziger Wert = 936 Euro. Gewinn = 18. Gebühr für Kauf von 4% abgerechnet (= 36) = 18 Euro Verlust.
Fidelity China Focus A DL (WKN A0CA6V)
Gekauft für 48 Euro, momentaner Kurs 62 Euro. 20 Stück = 960 Euro, jetziger Wert = 1.240 Euro. Gewinn = 280. Gebühr für Kauf von 4% abgerechnet (= 38) = 242 Euro Gewinn.
Global Conv. Bonds (WKN A0Q2PU)
Gekauft für 138 Euro, momentaner Kurs 158 Euro. 7 Stück = 966 Euro, jetziger Wert = 1.106 Euro. Gewinn = 140. Gebühr für Kauf von 4% abgerechnet (= 38) = 102 Euro Gewinn.

Aufgabe 7

Firma A: Klamotten gehen immer, wenn der Trend stimmt und das Label ankommt. Die große Unsicherheit ist allerdings, ob sich der neu gegründete Online-Handel gegenüber Amazon etc. behaupten kann und wieviel an Kosten hier anfallen. Kommt das neue Beratungskonzept auf Dauer bei den Kunden an und nicht nur in Corona Zeiten? Wie viele Filialen müssen noch geschlossen werden, wie wird sich das auf den Gewinn langfristig auswirken? Wird der Aufwärtstrend des Charts sich fortsetzen können? Die Eigenkapitalquote ist sehr gut, das Management seit langem bewährt.

Firma B: Sie hat ein einfaches Geschäftsmodell, wenig Konkurrenten, Gesundheitsgetränke sind im Kommen. Die Ausschläge des Charts sind wahrscheinlich auf den vermehrten Verkauf der Getränke im Sommer bzw. den verringerten im Winter zurückzuführen. Die Unsicherheit besteht darin, ob Firma B es schafft, langfristig ihre Gesundheitsgetränke am Markt zu etablieren. Momentan scheint das zu gelingen, der Chart zeigt ja nach oben. Die Eigenkapitalquote liegt mit 13% nur knapp unter einem guten Durchschnitt. Die Frage ist allerdings, wie sich das auf einigen Posten neu besetzte Management auf Dauer bewähren wird.

Firma C: Müll fällt immer an, aber dabei scheint in den letzten beiden Jahren der Gewinn zu schrumpfen, vgl. die fallende Dividende. Das könnte aber auch daraus resultieren, dass für den Markt in Osteuropa hohe Investitionen getätigt werden. Die Frage ist, ob das Geld für die Investitionen durch die Ausgabe der jungen Aktien wieder reinkommt? Gibt es noch weitere mögliche Ursachen für die fallende Dividende? Die Eigenkapitalquote ist recht hoch, das Management bewährt seit 10 Jahren. Der Chart befindet sich im momentanen Aufwärtstrend. Die Unwägbarkeit besteht darin, ob es Firma C gelingen wird, sich in Osteuropa zu etablieren. Wie sieht es beispielsweise mit Währungsproblemen aus in Polen und Ungarn, die ja nicht den Euro haben? Wie sieht es da z.B. auch mit Korruption aus?

Firma D: Kosmetika laufen immer, die Firma ist breit aufgestellt in ganz Europa. Fraglich bleibt, ob sich die nachhaltigen Kosmetika am Markt durchsetzen werden bei den höheren Preisen. Die Werbung dafür scheint wenig zu bringen, hier sollte das Management ggfs. über neue Werbemaßnahmen nachdenken. Obwohl der Chart einen beständigen Aufwärtstrend vorweist, ist der Gewinn zurückgegangen. Woran könnte das liegen? Das Management ist neu, wie gut wird es in der Zukunft sein?

Firma E: Sie ist gut etabliert auf dem Markt für Diabetes Medikamente. Hier ist weiteres Wachstum zu erwarten, da immer mehr Menschen an Diabetes erkranken. Das Unternehmen hat hier eine starke Marktmacht. Ein neues Medikament steht kurz vor der Zulassung, was zusätzliche Gewinne erwarten lässt. Bisher war die Dividende beständig relativ hoch, der Chart zeigt einen beständigen Aufwärtstrend. Keine Schulden und ein seit Jahren bewährtes Management sind weitere Pluspunkte. Unsicher ist allerdings, ob der Konkurrent aus den USA Firma E Marktanteile wegnehmen kann durch seine Dumpingpreise.

Firma F: Energie wird immer benötigt, die Firma ist bei allen Energiearten breit aufgestellt, also nicht abhängig von einer Energieart. Eine konstante relativ hohe Dividende und eine ebensolche Eigenkapitalquote sind weitere Vorteile. Warum aber gibt es immer wieder die größeren Ausschläge im Chart? Wird der Auftrag für die neuen Windräder, der ja erstmal hohe Investitionskosten verursacht, auf Dauer gewinnbringend sein, da hier große Konkurrenz mit anderen Firmen besteht? Wird sich das teilweise neue Management bewähren?

KOHL VERLAG Geld anlegen ... aber RICHTIG! Bestell-Nr. 12 780

Ergebnis: Bei den Firmen B und E gibt es die wenigsten Minuspunkte. Das Geschäftsmodell ist einfach und verständlich, die Eigenkapitalquoten sind gut, die Unsicherheit besteht darin, wieviel Marktanteil der Konkurrent bei Firma E dieser wegnehmen kann, bei Firma B, ob sich auf Dauer die Gesundheitsdrinks am Markt etablieren können.

Aufgabe 8

Firma A: Für 3.000 Euro bekommt man 88 Aktien. Der Wertzuwachs von 6% beträgt bei 88 Stück 179 Euro. Die Dividende für alle Aktien beträgt 264 Euro. Der Wertzuwachs insgesamt beträgt so 443 Euro, minus der Kaufgebühren von 15 Euro, was 428 Euro ausmacht.

Firma B: Für 3.000 Euro bekommt man 157 Aktien. Der Wertzuwachs von 8% beträgt bei 107 Stück 238 Euro. Die Dividende für alle Aktien beträgt 314 Euro. Der Wertzuwachs insgesamt beträgt so 552 Euro, minus der Kaufgebühren von 15 Euro, was 537 Euro ausmacht.

Firma C: Für 3.000 Euro bekommt man 107 Aktien. Der Wertzuwachs von 5% beträgt bei 107 Stück 149 Euro. Die Dividende für alle Aktien beträgt 1284 Euro. Der Wertzuwachs insgesamt beträgt so 1433 Euro, minus der Kaufgebühren von 15 Euro, was 1418 Euro ausmacht.

Firma C bietet insgesamt den größten Wertzuwachs.

Weitere Kriterien:
Wie groß ist der Markt, auf dem eine Firma vertreten ist? So können Verluste in einem Bereich durch Gewinne in einem anderen aufgefangen werden. Hier wäre Firma B im Vorteil, da sie weltweit ihre Produkte vertreibt, Firma C wäre hier im Nachteil.
Wie ist der Chartverlauf über mindestens 3 Jahre. Ist dieser abgesehen von kleineren Ausschlägen nach oben oder unten in einem beständigen möglicherweise aber nicht allzu hohen Aufwärtstrend, ist die Wahrscheinlichkeit, dass sich ein solcher fortsetzt, relativ groß. Sind die Ausschläge des Charts extremer, ist zu hinterfragen, woher diese kommen. Unter Chartkriterien wäre Firma A am besten, Firma C am schlechtesten zu bewerten.

Aufgabe 9

Anleihen haben geringere Schwankungsbreiten der Kurse als Aktien, man bekommt eine garantierte Verzinsung. Die Nachteile sind das Ausfallrisiko des Emittenten bei der Rückzahlung nach Ablauf der Laufzeit und i.d.R. geringerer Gewinn als bei Aktien.

Aktien: Es sind große Schwankungsbreiten der Kurse möglich, daher sind auch mögliche Kursverluste größer als bei Anleihen, aber auch satte Gewinne sind möglich. Die Dividendenhöhe ist je nach Aktie unterschiedlich und nicht garantiert, wie bei Anleihen die Zinszahlungen. Die Auswahl der richtigen Aktien kann ggfs. schwierig werden. Das Risiko ist insgesamt um einiges größer als bei Anleihen.

Fonds: Die Auswahl der Aktien bzw. Anleihen übernimmt hier ein Profi, daher braucht man sich selbst um die Auswahl nicht zu kümmern. Die Gewinnspannen sind nicht so hoch wie bei Aktien, überdies ist ein Aufschlag beim Kauf zu berücksichtigen. Allerdings ist das Geld der Anleger bei Pleite des Fonds abgesichert wie bei einem Sparbuch.

ETF: Es fallen keine Gebühren beim Kauf von Anteilen an. Fehlentscheidungen der Fond Manager fallen weg, aber die Zusammensetzung des Wertpapier-Korbes ist nicht zu ändern, also besteht eine relativ große Abhängigkeit vom Börsenverlauf. Bei Pleite des ETF-Herausgebers besteht eine Absicherung wie bei einem Sparbuch.
Die Vorliebe für die Bevorzugung einer der Anlageformen hängt vor allem von der eigenen Risikobereitschaft des Anlegenden ab.

Aufgabe 10

Individuelle Lösungen, je nachdem, welche Wertpapiere „gekauft" wurden bzw. wie hoch die Risikobereitschaft war. Ist nach einem halben Jahr ein Wertzuwachs des Depots um 2-3% erfolgt, ist das Ergebnis eher unterdurchschnittlich, bei 4-6% liegt es im Mittelfeld, alle Prozente darüber sind gut. Zu fragen ist, wie Verluste zustande kamen. Wurden die Wertpapiere vorher nicht ausreichend auf ihr Risiko analysiert oder waren nicht voraussehbare Turbulenzen an der Börse dafür verantwortlich?

KOHL VERLAG Geld anlegen ... aber RICHTIG! Bestell-Nr. 12 780